Ana amopö
Cogumelos

Sanöma samakönö sama tökö nii pewö oa wi ĩ tökö waheta
Enciclopédia dos Alimentos Yanomami (Sanöma)

ULI TÄ ULI NAHA TÖKÖ KUPAI Ĩ TÖKÖ PEWÖ TAÖ WI
SABERES DA FLORESTA YANOMAMI

A série *"Uli tä uli naha tökö kupai ĩ tökö pewö taö wi"* – Saberes da Floresta Yanomami, fruto da parceria entre a Hutukara e o ISA, tem por objetivo valorizar e fortalecer os saberes e as línguas yanomami. Divulga estudos de pesquisadores yanomami sobre diversas áreas do conhecimento, tradicional ou não. Reúne também pesquisas realizadas em colaboração com especialistas *sätänapi töpö* (não indígenas) e está aberta a outras parcerias institucionais e a diferentes formatos.

"Hutukara é o que nos mantêm vivos, junto com a floresta e com os rios. Hutukara nos dá vida, como deu aos nossos antepassados e por isso nós a defendemos. No primeiro tempo, o céu antigo, Hutukara, caiu e formou a floresta de hoje. É o nome da mesma terracéu que Omama, o demiurgo yanomami, consolidou e nos deixou desde as origens. Fundamos a Hutukara Associação Yanomami para defender nossa terra".

A **Hutukara Associação Yanomami (HAY)** é uma associação sem fins lucrativos que congrega todos os povos indígenas da Terra Indígena Yanomami. Foi fundada em 2004, na aldeia Watorikɨ, região do Demini, e tem como finalidade a defesa dos direitos dos Yanomami e Ye'kuana.

Diretoria da Hutukara – 2013 a 2016:
Presidente: Davi Kopenawa Yanomami.
Vice-Presidente: Maurício Tomé Rocha.
1º. Secretário: Armindo Goes Melo.
2º. Secretário: Huti Yanomami.
1º. Tesoureiro: Dário Vitório Kopenawa Yanomami.
2º. Tesoureiro: Emílio Sisipino Yanomami.
Conselheiros: Resende Maxiba Apiamo, Roberto Yanomami, Geraldo Kuesithere Yanomami.

Hutukara Associação Yanomami
Rua Capitão Bessa, 143, CEP: 69306-620, Boa Vista, Roraima, Brasil
Fone: 95.3224.6767 hutukara@yahoo.com.br www.hutukara.org
Facebook: Hutukara Associação Yanomami

Dados Internacionais de Catalogação na Publicação (CIP)
(Câmara Brasileira do Livro, SP, Brasil)

```
Sanöma samakönö sama tökö nii pewö oa wi tökö
   waheta : ana amopö = Enciclopédia dos alimentos
   yanomami (sanöma) : cogumelos. -- São Paulo :
   Instituto Socioambiental, 2016. -- (Série uli tä
   uli naha tökö kupai ï tökö pewö taö wi : saberes
   da floresta ; 4)

   Vários autores.
   Vários organizadores.
   Vários tradutores.
   Bibliografia

   1. Cogumelos 2. Índios da América do Sul -
Alimentos - Brasil 3. Índios da América do Sul -
Brasil 4. Índios da América do Sul - Brasil -
Nutrição 5. Índios Yanomami 6. Índios Yanomami -
Cultura 7. Índios Yanomami - Enciclopédia dos
alimentos 8. Índios Yanomami - Usos e costumes
I. Título: Enciclopédia dos alimentos yanomami
(sanöma) : cogumelos. II. Série.

16-05540                                CDD-980.41
```

Índices para catálogo sistemático:
1. Yanomami : Povos indígenas : Cultura :
América do Sul 980.41

O **Instituto Socioambiental (ISA)** é uma associação sem fins lucrativos, qualificada como Organização da Sociedade Civil de Interesse Público (Oscip), fundada em 22 de abril de 1994, por pessoas com formação e experiência marcante na luta por direitos sociais e ambientais. Tem como objetivo defender bens e direitos sociais, coletivos e difusos, relativos ao meio ambiente, ao patrimônio cultural, aos direitos humanos e dos povos. O ISA produz estudos e pesquisas, implanta projetos e programas que promovam a sustentabilidade socioambiental, valorizando a diversidade cultural e biológica do país.

Conselho Diretor: Jurandir M. Craveiro Jr. (presidente), Tony Gross (vice-presidente), Marina Kahn, Neide Esterci, Márcio Santilli e Geraldo Andrello.

Secretário Executivo: André Villas-Bôas.

O PROGRAMA RIO NEGRO SOCIOAMBIENTAL promove e articula processos e múltiplas parcerias a fim de construir uma plataforma de gestão transfronteiriça pela melhoria da qualidade de vida, valorização da diversidade socioambiental, segurança alimentar e produção colaborativa e intercultural de conhecimento na Bacia do Rio Negro, no contexto do Noroeste Amazônico. Trata-se de um território de diversidade socioambiental, um hot spot para a conservação e salvaguarda do patrimônio socioambiental, cuja extensão é de 71 milhões de hectares compartilhados por quatro países: Brasil, Colômbia, Guiana e Venezuela. São 45 povos indígenas, dois patrimônios culturais do Brasil: Cachoeira de Iauaretê e Sistema Agrícola Tradicional do Rio Negro. Cerca de 62% do território está sob alguma forma de proteção legal: 98 territórios indígenas, reconhecidos oficialmente, e 15 ainda sem reconhecimento, 23 Unidades de Conservação de Proteção Integral e 11 de Uso Sustentável. O Programa Rio Negro mantém importantes parcerias com a **Federação das Organizações Indígenas do Rio Negro (Foirn)**, **Hutukara Associação Yanomami (HAY)**, **Conselho Indígena de Roraima (CIR)** e com outras organizações da sociedade civil e instituições de pesquisa.

Coordenador: Carlos Alberto (Beto) Ricardo.

Coordenador adjunto: Marcos Wesley de Oliveira.

Equipe ISA Roraima: Ana Paula Caldeira Souto Maior, Ciro Campos de Souza, Estêvão Benfica Senra, Lidia Montanha de Castro, Marcolino da Silva, Marina Albuquerque Regina de Mattos Vieira, Matthieu Jean Marie Lena, Moreno Saraiva Martins, Sidinaldo dos Santos

São Paulo (sede)
Av. Higienópolis, 901, 01238-001, São Paulo, SP, Brasil
tel: (11) 3515-8900 fax: (11) 3515-8904 isa@socioambiental.org

Boa Vista
R. Presidente Costa e Silva, 116 – S. Pedro, 69306-670, Boa Vista, RR, Brasil
tel: (95) 3224-7068 fax: (95) 3224-3441 isabv@socioambiental.org

Manaus
Rua Costa Azevedo, 272, 1º andar – Largo do Teatro – Centro, 69010-230, Manaus, AM, Brasil
tel/fax: (92) 3631-1244/3633-5502 isamao@socioambiental.org

São Gabriel da Cachoeira
Rua Projetada 70 – Centro, 69750-000, São Gabriel da Cachoeira, AM, Brasil
tel/fax: (97) 3471-1156 isarn@socioambiental.org

Brasília
SCLN 210 – Bloco C – Sala 112, 70862-530, Brasília, DF, Brasil
tel: (61) 3035-5114 fax: (61) 3035-5121 isadf@socioambiental.org

Para saber mais consulte: **www.socioambiental.org**

Ana amopö
Cogumelos

Sanöma samakönö sama tökö nii pewö oa wi ĩ tökö waheta
Enciclopédia dos Alimentos Yanomami (Sanöma)

2016

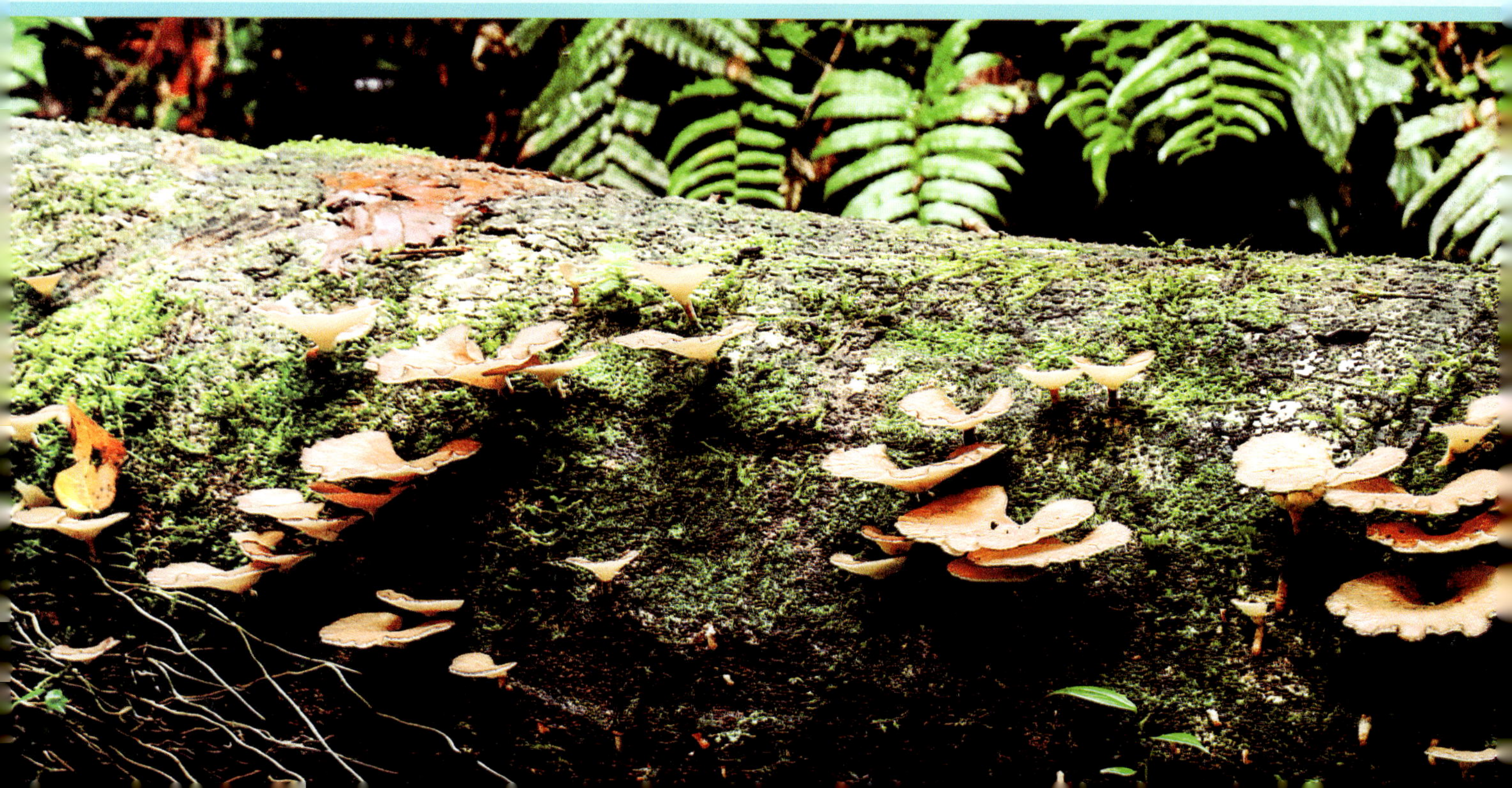

Volume 4 da série

ULI TÄ ULI NAHA TÖKÖ KUPAI Ĩ TÖKÖ PEWÖ TAÖ WI
SABERES DA FLORESTA YANOMAMI

As informações contidas nesta publicação representam uma parte do patrimônio cultural e propriedade intelectual do povo Yanomami. É expressamente vedada a utilização comercial, direta ou indiretamente, de qualquer informação contida nesta publicação, derivada de conhecimento tradicional associado a material genético, de acordo com os termos da Lei nº 13.123, de 20 de maio de 2015. Qualquer outra pesquisa ou difusão das informações constantes dessa publicação deve obrigatoriamente revelar qual é a origem desse conhecimento. Para qualquer uso do conhecimento contido nessa publicação a obtenção do consentimento prévio informado é necessária.

Witi pili töpönö hi tä waheta thapalömahe
Quem fez o livro

Organização: Oscar Ipoko Sanuma, Keisuke Tokimoto, Carlos Sanuma, Joana Autuori (ISA/USP), Lukas Raimundo Sanuma, Marinaldo Sanuma, Moreno Saraiva Martins (ISA), Nelson Menolli Jr., Noemia Kazue Ishikawa, Resende Maxiba Apiamö.

Textos: Carlos Sanuma, Jaime Sanuma, Kolowä Sanuma, Lukas Raimundo Sanuma, Maito Sanuma, Marinaldo Sanuma, Resende Maxiba Apiamö, Sandro Sanuma.

Orientação de conteúdo: Oscar Ipoko Sanuma, Noemia Kazue Ishikawa, Keisuke Tokimoto.

Fotos: Moreno Saraiva Martins (ISA) e Keisuke Tokimoto.

Ilustrações: Hadna Abreu.

Mapas: Estêvão Benfica Senra (ISA).

Tradução: Lukas Raimundo Sanuma, Marinaldo Sanuma, Resende Maxiba Apiamö, Moreno Saraiva Martins (ISA), Joana Autuori (ISA/USP).

Revisão em língua sanöma: Marinaldo Sanuma, Resende Maxiba Apiamö, Joana Autuori (ISA/USP).

Identificação de espécies: Nelson Menolli Jr. – fungos (Instituto Federal de Educação, Ciência e Tecnologia de São Paulo - IFSP e Instituto de Botânica - IBt), William Milliken – vegetais (Royal Botanic Gardens, Kew), Helder Perri Ferreira (Projeto de Documentação do Yanomama do Papiu).

Pesquisa, digitalização e tratamento de imagens: Cláudio Tavares e Vivian Sena de Oliveira.

Agradecimentos: Flavia Ribeiro Santos, João Vitor Camargo Soares, Ruby Vargas Isla pelo apoio técnico.

Design Gráfico: Roberto Strauss (www.robertostrauss.com.br).

Impressão: Ipsis

REALIZAÇÃO

COLABORAÇÃO ESPECIAL

COLABORAÇÃO

APOIO

Wäo somata wi

Professores sanöma töpönö hi tökö waheta thapalöma ĩ *professor* töpönö salaka pö pewö hilo wi ĩ tökö waheta thaa wakipalöma. Ĩ naha tä kua tähä, ISA töpö, Hutukara töpö, UFMG töpö, ĩ naha kui töpö solo hi sama tä waheta thapalöma Noemia a, Tokimoto a, ĩ naha kui töpönö, samakö pasilipo naioma.

Awai, ĩ naha kui hi *professores* sanöma samakönö hi waheta sama tä thapalöma: Lukas Raimundo Sanuma, Marinaldo Sanuma, Resende Maxiba Apiamö, Carlos Sanuma, Jaime Tatiwa Sanuma, Maito Sanuma, Kolowä Sawalapi André Sanuma, Sandro Sanuma, Rodrigo Sanuma. Hi Oscar hai ĩ pata tä kutenö ĩ tä pewö taö öpa kutenö samakö pasilipoma. Ĩ naha tä kua tähä polakapi ISA töpö pasilio naioma: Moreno Saraiva Martins e Joana Autuori. Ĩ naha tä kua tähä polakapi *pesquisadores* töpönö samakö pasilipo naioma: Noemia Kazue Ishikawa, Keisuke Tokimoto. Ĩ naha kui samakö pewö nö hi waheta sama tä thapalöma.

Ana amopö pewö oamo wi ĩ tä wäsä wi hi ĩ tä waheta. Atapa amo, hamima amo, hasa sömökali amo, hiwala amo, kotopo amo, naönaö amo, ploplolemö amo, sama amuku, sikimö amo, siokoni amo, waikasö amo, ĩ naha kui sama amopö tapa kua totio wi ĩ tä kua. Kami samakönö, hikali a, hikanino, ĩ naha kui tökö naha ana sama amopö täa sinomoö, maaki uli hamö ai sama amopö täa naio wi ĩ tä kua. Hi ana sama amopö taö wi hi ĩ tä waheta.

•

Hi 1 tä kua selekele ĩ tä naha wi naha Sanöma samakönö ana sama amopö täa kua sinomoö. Hi 2 tä kua selekele ĩ tä naha wi naha Sanöma samakönö hikali sama thaa kuaö. Hikali pö pewö naha ana amopö pewö lalo toita apö kutenö. Hi 3 tä kua selekele ĩ tä naha ĩ naha ana sama amopö löpöpa kua sinomoö. Hi 4 tä kua selekele ĩ tä naha ĩ kapi tipö sai naha ana amopö pewö lalo totioö. Hi 5 tä kua selekele ĩ tä naha ana sama amopö pewö taö wi ĩ sama tökö pewö saökökike.

Cogumelos *atapa amo*.

Cogumelos *atapa amo*.

Apresentação

Este livro, o segundo de uma série que irá compor uma **Enciclopédia dos Alimentos Yanomami (Sanöma)**[1], é resultado do trabalho conjunto de professores sanöma da região de Awaris, Terra Indígena Yanomami, em parceria com assessores do Instituto Socioambiental (ISA). Foi produzido durante a formação de pesquisadores sanöma, no âmbito da parceria entre Hutukara Associação Yanomami, Instituto Socioambiental e Universidade Federal de Minas Gerais (UFMG) e ainda contou com a valiosa participação do Instituto Nacional de Pesquisas da Amazônia (INPA), do Instituto de Micologia de Tottori do Japão, do Instituto Federal de Educação, Ciência e Tecnologia de São Paulo (IFSP), do Instituto de Botânica (IBt) e do Instituto ATÁ.

Os professores-pesquisadores sanöma que participaram da pesquisa foram: Lukas Raimundo Sanuma, Marinaldo Sanuma, Resende Maxiba Apiamö, Carlos Sanumá, Jaime Tatiwa Sanuma, Maito Sanuma, Kolowä Sawalapi André Sanuma, Sandro Sanuma, Rodrigo Sanuma. Acompanhou e orientou a pesquisa o sábio Oscar Sanöma. Ajudaram no processo de pesquisa os assessores do ISA Moreno Saraiva Martins e Joana Autuori. Os pesquisadores não indígenas Noemia Kazue Ishikawa, Keisuke Tokimoto tiveram um importante papel no diálogo entre o conhecimento científico sobre cogumelos comestíveis e o conhecimento sanöma.

Este livro apresenta os cogumelos comestíveis da região de Awaris, na Terra Indígena Yanomami: *atapa amo* (*Polyporus philippinensis*), *hami amo* (*Pleurotus albidus*), *hasasömökali amo* (*Polyporus* aff. *thailandensis*), *hiwala amo* (*Pleurotus djamor*), *kotopo amo* (*Polyporus tricholoma*), *naönaö amo* (*Lentinula raphanica*), *ploplolemö amo* (*Lentinus concavus*), *sama amuku/ samasamani amo* (*Polyporus aquosus*), *sikimö amo/olomai tili amo* (*Hydnopolyporus fimbriatus*), *siokoni amo* (*Panus neostrigosus, Panus strigellus, Panus velutinus, Lentinus bertieri, Lentinus crinitus*), *waikasö amo* (*Favolus brasiliensis*). Esses cogumelos são encontrados principalmente nas roças e nas capoeiras, que nascem quando as roças são abandonadas. Também são encontrados nas florestas[2] da região, em menor quantidade.

---

[1]. As letras no alfabeto sanöma são pronunciadas como em português, com exceção de: ä – [ə] vogal central média-alta; ö - [ɨ] vogal central alta; ã – [ã] vogal anterior baixa nasalizada; ĩ – [ĩ] vogal anterior alta nasalizada; õ – [õ] vogal posterior média-alta nasalizada; th – [tʰ] – consoante oclusiva alveolar surda aspirada; s – antes ou depois de "i": [ʃ] – consoante fricativa palato-alveolar surda, nos demais contextos: [s] - consoante fricativa alveolar surda.

[2]. Os cogumelos são encontrados e colhidos nos troncos, tocos e galhos em decomposição. Nenhum cogumelo que cresce no solo é consumido pelos Sanöma.

Apresentação

O capítulo 1 descreve como e onde os cogumelos comestíveis são normalmente encontrados. O capítulo 2 demonstra que os cogumelos encontrados nas roças e capoeiras são resultado direto do sistema de manejo agrícola sanöma, pois a maior parte dos cogumelos coletados vêm das áreas manejadas. As formas de preparo dos cogumelos são descritas no capítulo 3. O capítulo 4 é dedicado a uma lista das árvores que, quando derrubadas nas roças, nos seus troncos em decomposição nascem os cogumelos. E por fim, o capítulo 5 apresenta, com mais detalhes, informações de cada espécie de cogumelo.

Cogumelos *atapa amo*.

Sanöma samakö

Awaris tä uli naha samakö pilia. *Terra Indígena Yanomami* tä uli õsi naha Awaris tä uli kua. Hi 19 tökö uli naha 3 *mil* samakö kui samakö kua. *Venezuela* tä uli kotö naha Ãsikama tu kasö naha samakö kua. Ki hamö *Venezuela* tä uli naha satehe epii ai Sanöma töpö pilia naia. Sanöma samakö hapalo ai pö hãkikii, 5 samakö pilia: Yanomami töpö, Samatali töpö, Sanöma töpö, Yawari töpö, Kasölapai töpö, ĩ naha samakö kui samakö pilia. Sanöma samakönö sama tökö pewö thaa wi ĩ töpönö ĩ tökö pewö thaa naio soa taö: saponomo wi, samo wi, wãsamo wi, õkamo wi, amamo wi, sakona koa wi, namö huu wi, hikali a thaa wi, ĩ samakö pewö nö ĩ sama tökö taa soa ta wi ĩ tä kua.

Nós Sanöma

Nós Sanöma fazemos parte do povo Yanomami. Habitamos 19 comunidades na região conhecida como Awaris, na Terra Indígena Yanomami, às margens do rio *Ãsikama u* (rio Auaris), muito próximo à fronteira com a Venezuela. No Brasil somamos aproximadamente 3.000 pessoas, o mesmo número que na Venezuela. Nós Yanomami somos um povo formado por cinco grupos que falam línguas aparentadas: *sanöma, ninam, yanomam*[1], *yanomamɨ e ÿaroamë*. As línguas faladas por nossos parentes yanomami nem sempre nos são compreensíveis, apesar disso, compartilhamos características culturais e conhecimentos como rituais funerários, pintura corporal, diálogos rituais, xamanismo, cantos, uso de psicoativos[2], técnicas de caçar e de fazer roça.

---

1. Que engloba as línguas conhecidas por yanomae, yanomama e yanomami.
2. Resina da casca de *Virola* sp. ou sementes de *Anadenanthera peregrina* pulverizadas.

Região de Awaris

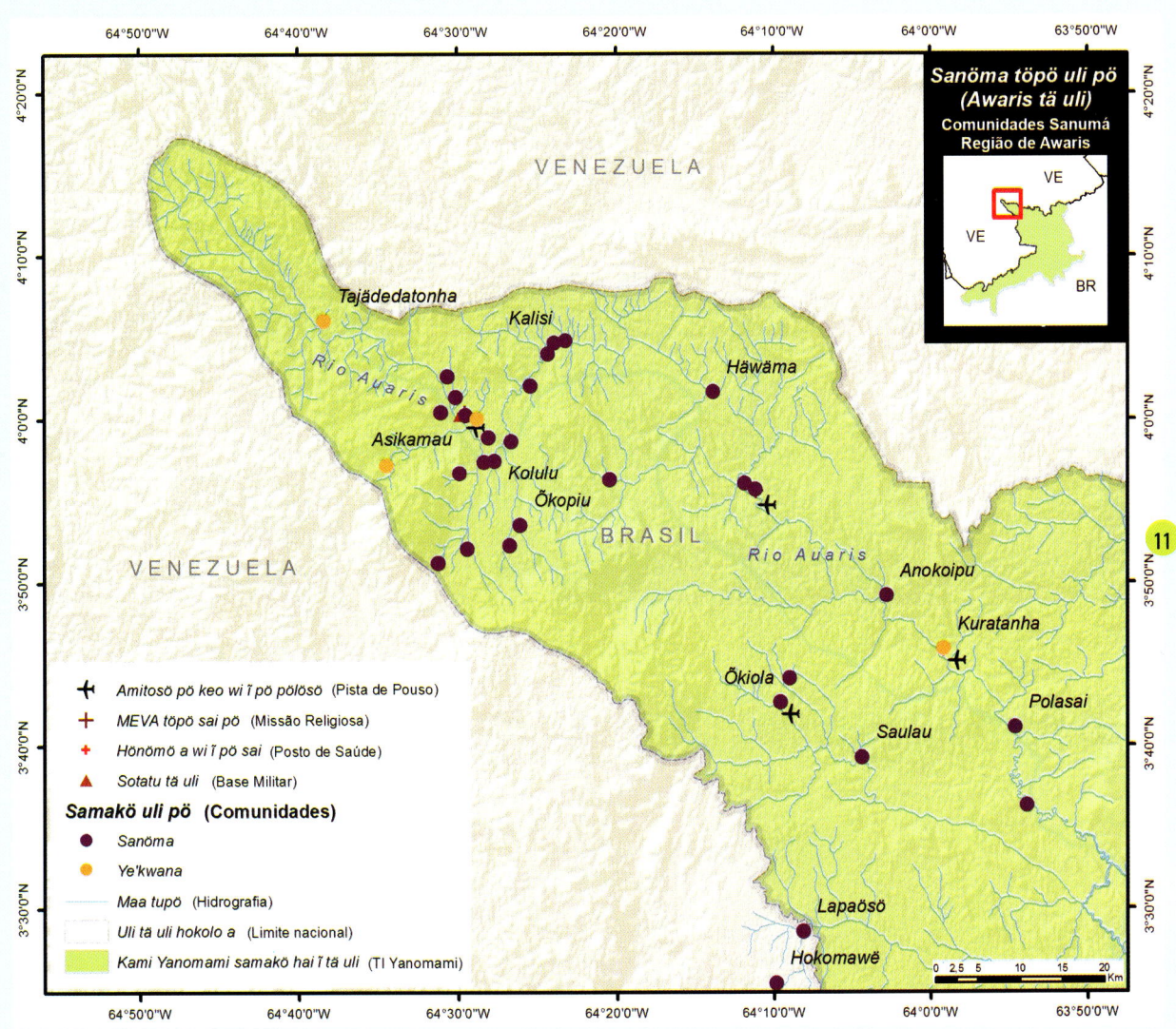

Davi Kopenawa Yanomami, xamã e presidente da Hutukara Associação Yanomami.
© Claudio Tavares/ISA

Davi Kopenawa Yanomami hapalo wi ĩ tä

Yanomae yamakɨnɨ *escola* a hamɨ hiya thëpëxë, moko thepëxë, thëpë pihi xariru yaro, kama pënɨ patapë wã hwaɨ thë ã tutemaɨ yarohe, kamiriha thë totihi. Witi pei thë ha thë totihi tha? Patapë, yanomae pata, hapa pë rarorayu wi, yama thë ã mapramaɨ maopë. Yama thë ã nëhɨ mohotipraɨ maopë. Oxe thë pë, hwei kurenaha kuo wi, pënɨ thë ã pou xoao pehe. Ɨnaha kami ya pihi kuu. Ya pihi kuu, ya yai kuu. Hwei tëhë, hiya thëpënɨ kama yanomae e thë ã taaɨ, sanɨma e thë ã taaɨ.

Witi naha yamakɨ pihi kurayopë? Yanomae yamakɨnɨ, sanɨma pënɨ, *livro* oni oni kɨkɨ ha napë yamapë pihi moyamëmaɨ pihio yaro. Napë pënɨ kama livro e pë thaɨhe, ɨnaha thë ma kureha, hwei tëhë, hiya pëxë, moko pëxë, pata yamakɨ pihi kuu: yanomae yamakɨ yainɨ napë papeo e sikɨ ha ipa thë ã, napë utupë e sikɨ ha, yanomae yama thë oniha thakɨnɨ, napë yama thë oni ha yatemakɨnɨ, kami yamakɨ yanomae yamakɨ pihi moyamɨ tamamu pihio, napë pëha. Ei kurenaha thë yai totihi kamiriha.

Witi pii thë ha, thë totihi tha? Witi pii thë ha mai, hwei tëhë, hwei poripa kɨ tëhë, 2015 e 2016 poripa kɨkɨha, yama pihi kuu rarayoma. Yama pihi kuu ha rarɨnɨ, ha moyamɨrɨnɨ, *conhecimento* napë thë pë kuu, kami yamakɨnɨ uhiri yama a taaɨwi, yamakɨ kutaenɨ, napë pë ha yama thë ã wëaɨ, yama thë ã hirimaɨ, yama thë taamaɨ... yama thë taamaɨ tëhë napë pë pihi xaariru. Pihi moyamɨaɨ. Witi pii thë ha pë pihi xariru? Witi pii thë ha pë pihi moyamɨai? Kami yamakɨ moyamɨ tamamu pihio. Kami yamakɨ moyamɨ tamamu hwëtɨo pihio.

Ɨnaha të kua yaro, sanɨma urihi pë hamɨ, yanomae yamakɨ urihi pë hamɨ, nɨ rope urihi yama a taaɨwi, yama thë pou xoa yaro, napë pëha yama e thë ã wëaɨ. Urihihamɨ wamotima yama thë pë waɨwi ipa thë ã , yanomae thë ã, ara amoku, sanɨma e thë ã, ɨni e thë ã pree kua, ara amoku. Yutuha, yutu mahi ha, kami yama kɨnɨ pata pënɨ ara amoku waɨ xoaomahe. Yaro a taapru mao tëhë, yaro a taapru mao tëhë, ara amoku raru tëhë, pata thë iaɨ xoaoma, ara amo waɨ xoaoma he. Ara amoha koraha a tehiaɨ, naxihi tehiaɨ, ɨnaha pata thëpë kuaɨ xoaomo. Kami yanɨ ya kae waɨ. Yaro ya taapraɨ mao tëhë, urihihamɨ ya rama huu thë, ya amoku taari tëhë, ya amoku hukëri. Ya amoku ha hukerɨnɨ, ya amoku he haroprari. Haroprarɨenɨ, ya amoku yakɨnɨ, ya amoku wari. Ei pata e thë yai. Pata pënɨ hapa thëpë waɨ wihi yama thë pë waɨ xoa. Urihi a nëropenë ara amo rarowi thë kua. Urihi hamɨ ara amoku raru wi thë poripa kuprario tëhë, maa kerayu tëhë, ara amoku raru. Ara amoku rarunɨ, kami yamakɨ iaɨ. Pata thëpë, thuë thëpë, oxe thë pë, ɨhɨ amoha yamakɨ ha ianɨ, yamakɨ pɨtɨ pɨrio. Ɨnaha kua yaro, hwei tëhë, *livro* yama a thapraɨ. Kami yanomae yanɨ, ya thë totihia apraɨ.

Davi Kopenawa Yanomami hapalo wi ĩ tä

Sanɨma pënɨ urihi a hapa ha manɨprarɨnɨ, hapa ha tiërɨnɨ, a ha iximarɨnɨ, a ha tɨarɨnɨ, hutu sikɨ pataɨ tëhë, maa kei tëhë, ara amopë pree raru yaro. Hutusikɨ pataɨ, ara amopë pree raru. Ɨnaha kami yanomae yamakɨ ha, yama thë taaɨ wi thë kua. Ɨnaha napë pë pihi kuu: "Yanomae thëpënɨ ara amoku waɨ taimihe". Ai napë pë pihi kuu, urihi taaɨ mao wihi. Ɨnaha thë kua yaro, hwei tëhë yama thë ã wëaɨ, napë yamapë moyamɨmaɨ pihio. "Ãã! Yanomae thëpënɨ ei thëpë wanoahe. Yanomae thëpë ohi kuonoa, urihiahamɨ ara amopë raru tëhë thë iama".

Kua yaro, kami yanomae ya, sanɨma, ya pë pihi pairipraɨ. Ya pë kahikɨã pairipraɨ. Yamakɨ pairiprayu tëhë kami yamakɨ yanomae yamakɨ pihi topraramayu pihio . Yamakɨ piriprayu tëhë thë yai totihi. Peheti yama thë ã wëaɨ napë pëha. Awei, napë wamakɨnɨ *livro* sanɨma, sanɨma pë *professor*nɨ pë hiyanɨ oni oni kɨkɨ turu thapra-riwihi, papeo aha, thë oni kakure, napë wamakɨnɨ wama taaɨ! Napë *cidade* thëri wa makɨnɨ wamathë taaɨ! Hwei wama thë ha taanɨ, wamakɨ pihi ha kunɨ. Wa makɨ pihi ha kurɨnɨ, wama kɨ pihi moyamɨapë: "Hum... kami ya napë yamakɨ nɨ urihi yama a waarɨanoa. Urihihamɨ në rope a kua ya napë yamakɨ pihi kuu nimi". Ɨnaha wa makɨ pihi thamaɨ pihio yaro kamiriha thë totihi. Napë ai wamakɨnɨ urihi a wama noamaɨwi wamakɨnɨ wamarekɨ pairipraɨ, uhiri noamatima *cidade* hamɨ wamakɨ kua.

Urihi yama a yai noamaɨwi, peheti noamaɨpuwi, kami yanomae yamakɨ kua. Urihi yama a wariaɨ puo imi, napë kurenaha yama kɨ kua imi. Urihi yama a manɨpraɨ pihio tëhë, yama thë urihi taaɨ parɨo.
Yama thë urihi taaɨ, ɨhɨ tëhë yama ha taarɨnɨ, pata thëpë ã hwarayu tëhë, urihi yama xiro tiyëɨ. Napë wamakɨnɨ wama thë urihi taaimi, wama thë mii tiëɨ puo. Wapokohi pë kuo pë hamɨ, koanarisi pë kuo pë hamɨ, mokamosi pë kuopë hamɨ, hokosi pë kuo pë hamɨ, ixokorema pë kuo pë hamɨ, napë wamakɨnɨ wama thëpë mii tiëɨ puo. Wama urihi wariãɨ puo. Ɨnaha thë kuaimi. Ɨnaha kami yanomae yamakɨ, *brasileiro* theri yamakɨnɨ, ɨnaha yama thë taimi. Ɨnaha thë kua yaro, hwei ara amopë, ara amopë raropëhamɨ, urihi yama a riã noamɨpuu, napë wamakɨ xë.

Hwei tëhë napë wamakɨ pihi moyamɨaɨ. Wamakɨ pihi ha moyamɨanɨ, kami yanomae wamarekɨ, wamarekɨ ã, pehetiapraɨ: "Awei, peheti!" Yanomae thëpë napë kurenaha thëpë kuaimi yaro. Yanomae thëpënɨ yamakɨ noa thaɨhe tëhë yama kɨ yomakamaɨ tëhë yamakɨ moyamɨmaɨ tëhë, pihi haimu. Hwei thë ka kii tëhë, hwei

thë ka kii tëhë 2016 thë kakure tëhë, hwei oni oni kɨkɨ ria wawëi yaro. *Cidade* theri wamakɨnɨ wama thë oni taaɨ. Ɨnaha kami ya pihi kuu yaro, ipa ya thë ã pairiaɨ. Totihi yaro kamiriha. Witi pei thë ha thë totihi tha? Kamiriha thë totihi. Ɨhɨ tëhë hapa kuapinaha thë kuaimi yaro.

Hwei tëhë parɨhamɨ, napë yama pë urihi pë taarema, *cidade* yama a taarema. Yamakɨ warokema. Yamakɨ ha warokɨnɨ, ɨnaha yama kɨ pihi kuma: "Awei, kami yamakɨ patapë urihi yama a noamaɨwi yama e thë wëaɨ". Yama e thë ã wëaɨ mao tëhë, napë pënɨ yamakɨ pihi mohoti himatihe. Yanomae thëpënɨ thë taimi, sanɨma thëpënɨ thë taimi, pë kuu maopë. Ɨnaha thë kua yaro kami yanɨ ya thë totihiapraɨ yaro. Hwei oni oni ha yama kɨ ria totoaɨ. Yamakɨ ã totoaɨ, yama thë wawëmaɨ. Napë *professor, professora, estudante, antropologo,* ai napë wamakɨ, wamakɨ pihi haimorayu. "Haixopë! Yanomae thë pë pihi moyamɨ! Kama pë pata pënɨ e thë ã hirakiwihi e thë ã taaɨ yaro he, hwei thë ha papeo aha thë oni thakema yaro he. Ara amuku watima papeo e thakema yaro he, a oniprarema yaro he. Hwei tëhë ha yamakɨ pihi rarayoma. Napë yamakɨ pihi yaia, napë yamakɨ, yanomae yamakɨ, sanɨma pë ha pihi waroaimi, pihi niniami".

Ɨnaha thë kua yaro, hwei tëhë tharisia Moreno anɨ sanɨma *professor* pë, pë oni thaprarenihi, thë kopemaɨ, thë onipraɨ. Thë ha oniprarɨnɨ napë *cidade* theripë ha yamathënɨ waxu xoao. Yama thënɨ waxu napë pë pihi haimopë. Napë pënɨ urihi a noamampëhe. Ɨhamɨ wamotima thë pë kua. Ara amo xiro kuaimi. Ara amo, hokomakɨ, momo, wapu, himara amo, kaxa, kutarenaha urihihamɨ yama thëpë pree waɨ yaro.

Kamiriha thë ã rihimu totihi pata e thë ã kutaenɨ, oxe thë ã imi. Pata yutuhamɨ pë pihi kuwi thë ã, papeo ha thë ã yëtëkema. Thë ã turu yëtekema. Yetemakemahe turupraremahe. Ɨhɨ tëhë napë wamakɨ taaɨ, wamakɨ wamarekɨ ono taaɨ, wamarekɨ kanasi taaɨ. Yanomae anɨ sanɨma thë ã pairiprarema. Wamakɨ pihi kupë. Ɨnaha thë kua yaro kamiriha thë yai totihi, thë ã waoto. Thë ã hirimu, pata thë ã hirimu, thë ã hirimu totihi nohi thë ã. Hoximi thë ã kuaimi, nohi thë ã. Wamotima kami yamakɨ iaɨwi yama thë ã hiraɨ. Thë ã wëaɨ ara amo waɨ, xama a waɨ, yuripë waɨ, paxo a waɨ. Urihi thëri yamakɨnɨ yama thë pë waɨ. Napë wamakɨnɨ, napë wamakɨnɨ ara wama amopë kãe waɨ. *Japão* thëri pënɨ kãe waɨ. *Brasil* hamɨ ai amokɨ waiipë waɨhe. Ɨnaha thë kua yaro, napë wamakɨnɨ *boi* wamapë waɨ, yuri wamapë waɨ, *carneiro*

Davi Kopenawa Yanomami hapalo wi ĩ tä

wamapë waɨ, karaka wamapë waɨ, yãã wama hanapë waɨ. Pree yama thë pë waɨ. Yanomae thë pëni thë xiro waihe wamakɨ pihi kuu nomai. Napë wamakɨnɨ wama thë pë pree waɨ. Witi thë ha yamakɨ waɨ? Witinɨ yamakɨ iamaɨ? Maxita urihi anɨ wamarekɨ yai iamaɨ, maxita urihi a xi ihete. Kami yano there yamakɨ ha, a xi ihete thë raromaɨ. Maa a ha kenɨ, maxita, urihi anɨ maa aha kemanɨ, i wamotima thë pë raromaɨ yaro.

Yamakɨ temi, totihi pɨrɨmapu, wamotima thë pënɨ yamakɨ pɨtɨ yaro. Wamotima thëkɨ mao tëhë yamakɨ nomaɨ. Ɨnaha thë kua yaro kamiriha thë yai totihi yama thë ã praukamaɨ napë pëha hwei ara amoku. *Livro* a kakii yama thë ã praukamaɨ, yama thë ã xerekaɨ, napë penɨ thë ã hiripëhe, napë pënɨ thë taapëhe. Ɨnaha kami yaã hwaɨ pairio pihioma, ya hwaɨ nɨkɨo pihioma. Sanɨma pënɨ thë thë oni onia hikiprarema yarohe, ipa ya thë ã pairiaɨ pihioma. Yanomami kutaenɨ, sanɨma ipa nohi pë kutaenɨ, *antropólogo* ipa nohi kutaenɨ. Iai thë onipraɨwi thë ha ya thë ã, awei thë totihi ya thë pairipu pihio yaro. Ya thë, ipa kahikɨã pairikema.

Davi Kopenawa participa de encontro de xamãs organizado pela Hutukara Associação Yanomami.
© Beto Ricardo /ISA

Prefácio - Davi Kopenawa Yanomami

Transcrição e tradução: Rogel Yanomami e Lídia Montanha Castro

Atualmente nossos jovens Yanomami estão frequentando a escola e nela estão aprendendo com a fala dos anciões. Dessa forma, os jovens estão renovando o nosso conhecimento. Para mim isso é bom. Por que isso é bom? Para que não se perca a fala dos nossos antigos, o conhecimento do princípio dos tempos. Para que as nossas crianças continuem possuindo esse conhecimento. É assim que eu realmente penso. E agora os jovens Yanomae e Sanöma podem aprender.

Como é o nosso pensamento? Este livro também foi escrito porque nós Yanomae e Sanöma queremos ensinar aos não-indígenas, usando essa ferramenta não-indígena que é a escrita e o papel. Atualmente os rapazes, as moças e nós, os mais velhos, sabemos que temos um conhecimento importante e que estamos gravando no papel dos não-indígenas, que na minha língua eu chamo de *utupë sikɨ*. Estamos gravando primeiro em nossa língua, para preservá-la e fortalecê-la, e depois na língua dos não-indígenas.

Queremos mostrar o nosso conhecimento para os não-indígenas porque agora o nosso pensamento floresceu. Agora estamos entendendo o que os não-indígenas chamam de conhecimento. Nós Yanomami temos um grande conhecimento sobre a floresta. Nós somos os verdadeiros conhecedores da floresta. Nós queremos demonstrar para os não-indígenas e fazer respeitar o nosso conhecimento. Nós queremos fazê-los escutar. Assim os não-indígenas aprenderão, ganharão sabedoria.

Nós ensinaremos que na floresta dos Sanöma e na floresta dos Yanomae conhecemos muitos alimentos. E reconhecer esses alimentos é um importante conhecimento que temos. E vamos mostrar isso para os não-indígenas neste livro. Na minha língua yanomae cogumelo é *ara amoku*. Desde tempos imemoriais os nossos ancestrais comiam cogumelos, principalmente quando eles não encontravam caça. Quando não encontravam caça e os cogumelos estavam nascendo, os antigos os coletavam e comiam com bananas e beiju. Assim faziam os antigos, e assim fazemos ainda hoje. Eu mesmo, quando não encontro caça, quando estou andando pela floresta e vejo os cogumelos, eu os coleto, embrulho em folhas e faço um pacote para assar na brasa. Assim como os antigos comiam, nós continuamos comendo os alimentos da floresta.

Os cogumelos nascem na floresta em determinadas luas (meses), principalmente quando chove. Os Sanöma, depois de derrubarem as árvores para fazer a roça de mandioca, queimam e plantam. Depois de plantar, quando a roça está crescendo, quando chove, os cogumelos crescem. A roça cresce e os cogumelos também crescem. É esse o nosso conhecimento, assim observamos a natureza. Alguns

Prefácio - Davi Kopenawa Yanomami

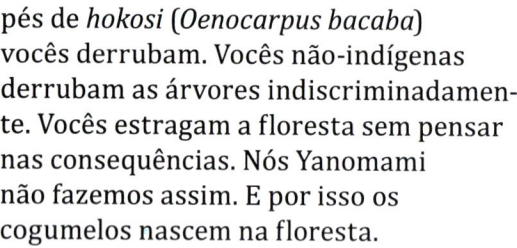

não-indígenas podem pensar: "Os Yanomami não conhecem os cogumelos". Por isso agora estamos publicando nossos conhecimentos, para ensinar aos não-indígenas. "Ah! Os Yanomami comem cogumelos, os Yanomami não passam fome! Quando os cogumelos nascem na floresta, eles comem".

Nós Yanomae e Sanöma somos Yanomami, temos o mesmo pensamento. Queremos que vocês não-indígenas olhem o livro dos Sanöma, que os jovens professores sanöma escreveram no papel, usando a sua escrita. Vocês não-indígenas olhem! Vocês que moram na cidade, vejam! Depois que vocês virem, vocês irão pensar, depois de pensar vocês aprenderão. "Uu! Nós não-indígenas, nós estragamos a floresta. Na floresta nascem muitos alimentos, mas nós não-indígenas não sabemos disso". Por isso, se vocês aprenderem isso, eu acharei bom. Porque vocês nos apoiarão na proteção da floresta.

Nós Yanomami somos os verdadeiros protetores da floresta. Nós não estragamos a floresta, nós não somos como os não-indígenas. Quando queremos derrubar um pedaço da floresta para plantar mandioca, nós observamos. Primeiro nós observamos. Depois que observamos, esperamos as lideranças falarem, e só depois derrubamos um pedaço da floresta. Vocês não-indígenas não conhecem a floresta, e por isso desmatam indiscriminadamente.

Onde tem pés de *wapokohi* (*Clathrotropis macrocarpa*) vocês derrubam, onde tem pés de *koanarisi* (*Oenocarpus bataua*) vocês derrubam, onde tem *mokamosi* (*Bactris maraja*) vocês derrubam, onde tem pés de *hokosi* (*Oenocarpus bacaba*) vocês derrubam. Vocês não-indígenas derrubam as árvores indiscriminadamente. Vocês estragam a floresta sem pensar nas consequências. Nós Yanomami não fazemos assim. E por isso os cogumelos nascem na floresta.

Nós queremos cuidar da floresta junto com os não-indígenas. Depois de encontrar o nosso conhecimento, vocês irão pensar corretamente. Depois de refletir sobre nossa fala vocês concordarão. Vocês que moram na cidade, vejam! É assim que eu penso e por isso estou apoiando a iniciativa de fazer esse livro.

Quando conhecemos os não-indígenas, há muito tempo, foi muito difícil. Mas agora, entendemos que é muito importante nós conhecermos a floresta dos não-indígenas, que é a cidade. Nós Yanomami fomos para a cidade e depois que chegamos lá nós pensamos: "Vamos divulgar como os

Cogumelos
sikimö amo.

nossos antigos protegem a floresta". Se não falarmos sobre isso, os não-indígenas irão pensar que somos ignorantes. Não pensem que os Yanomami são ignorantes. Por isso eu acho importante mostrar esse conhecimento para os não-indígenas que são professores, professoras, estudantes, antropólogos e os outros não-indígenas. Para que reconheçam e valorizem o nosso conhecimento, o conhecimento dos nossos antigos.

Agora, os professores sanöma escreveram esse conhecimento no papel. Eles escreveram no papel sobre os cogumelos comestíveis, mostrando a diferença e o valor do conhecimento indígena. Por isso, os professores sanöma, com ajuda de seus assessores, fizeram essa escrita. E agora nós mostraremos o livro para os não-indígenas que vivem nas cidades. Nós explicaremos, para que eles compreendam, para que eles protejam a floresta. Porque lá tem muita comida. Não tem só cogumelos. Cogumelos, patauá, *momo*, *wapu*, cacau, lagarta. Nós comemos variados tipos de alimentos da floresta.

Esse conhecimento é dos antigos, não é apenas dos jovens. O que os anciões pensavam antigamente, nós colocamos no papel. E agora vocês não-indígenas irão ver. Irão ver a nossa escrita, irão ver os nossos rastros. Eu quero apoiar o livro que meus parentes escreveram. Eu escuto a fala dos velhos, eu escuto e acho boa essa amizade. Não é ruim. É uma escrita de amizade sobre a comida, sobre o nosso alimento. Comemos cogumelos, antas, peixes, macacos... nós moradores da floresta comemos tudo isso e vocês, não-indígenas, também comem cogumelos. Os japoneses comem muito cogumelos. No Brasil algumas pessoas comem cogumelos.

Vocês não-indígenas comem boi, peixe, carneiro, frango, folhas. Mas não pensem que nós, povo da floresta, comemos as mesmas coisas que vocês. A terra-floresta é que nos alimenta. A terra-floresta é generosa. Ela é generosa conosco, que somos moradores da floresta. Quando chove, na terra-floresta os alimentos se multiplicam.

Nós temos saúde, nós vivemos bem porque satisfazemos nossas necessidades com os alimentos da terra-floresta. Se não houver alimento, se não houver a terra-floresta, nós morreremos. É assim. Por isso eu acho importante divulgar esse conhecimento sobre os cogumelos.

Ĩ tökö pewö kuo wi ĩ tä
Sumário

1 *Ana sama amopö oa wi ĩ tä*...23
   Cogumelos na alimentação sanöma...27

2 *Sanöma samakönö hikali a thaa wi ĩ tä*..............................31
   Cogumelos no sistema agrícola sanöma.................................33

3 *Ana amopö löpöma wi ĩ tä*...45
   Cogumelos na culinária sanöma 47

4 *Ĩ kapi ti sai naha ana amopö lalo totioö?*
   Troncos em que nascem os cogumelos 49

5 *Ana amopö pewö*
   Os cogumelos 53

Índice de cogumelos e
comparação com estudos anteriores............................... 100

Índice das plantas citadas 104

Lista de espécies de cogumelos em ordem alfabética
e referência do material examinado neste estudo 106

Bibliografia consultada 106

Cogumelos *siokoni amo*.

Ana sama amopö oa wi ĩ tä

Hikali ose tä uli naha, ana amopö pewö lalo paio wi ĩ tä kuami. Siokoni amo, hiwala amo, kotopo amo, atapa amo, ĩ naha kui, hi amopö lalo paio wi ĩ tä kua.

Ĩ naha tä kua tähä, waiha hikali a pewö paimia totiso tähä, pe epii hi ti hote kua apa kutenö, ana amopö pewö lalo opa wi ĩ tä kua. Hikalino naha, ĩ naha ana amo pewö lalo kua wi ĩ tä kua.

Hi hikalino naha ana amo kua sisaa maikitä. Uli tä uli pewö hamö, ana amopö pewö kupawö maaki, uli tä uli hamö siokoni amo kua maikitä.

Sanöma samakönö, naönaö amo, waikasö amo, atapa amo, ĩ na ana amopö kui sama amopö oa totio wi ĩ amopö. Wi naha pii kuu salo. Amo halo saköma, amo oamö toita apö, amo tupöma, pili mo oamö toita apö, pili mo puu õtomököma, amo puu koamö toita apö. Ĩ naha tä kuaöha, hi sama amo oa pi topa totio wi ĩ amopö. Hisa töpö, moko töpö, ulu töpö, ĩ naha kui samakönö naönaö amo, waikasö amo, kotopo amo ĩ naha kui sama amo oaö. Ana amo naha waio wi ĩ tä kuami kutenö, ĩ samakö pewö nö sama amopö oaö. Hisa töpö, moko töpö, ulu töpö ĩ naha kui samakönö sama amopö oa wi ĩ tä kua.

Hikali a naha pata töpö suö huunö, ana amo hukäahenö, sai a naha amo halo kai waloa kokinö, koataka naha amo halo sapanö, amo halo löpösööha, amo halo kusäpakönö, ĩ samakö pewö nö sama amo pewö oa soa päta wi ĩ tä kua. Awai, uli hamö wano samakö namö huu paha, waikasö amo pi paa talalönö, sama amo hukölönö, saa nakö naha sama amo haloa soatalönö, amo halo sia soatalönö, sai a naha wa waloa kokinö, wa amo tupanö, ĩ amo löpösööha, pili wa amo puu õtomökönö, ĩ samakö pewö nö ana sama amo oa wi ĩ tä kua.

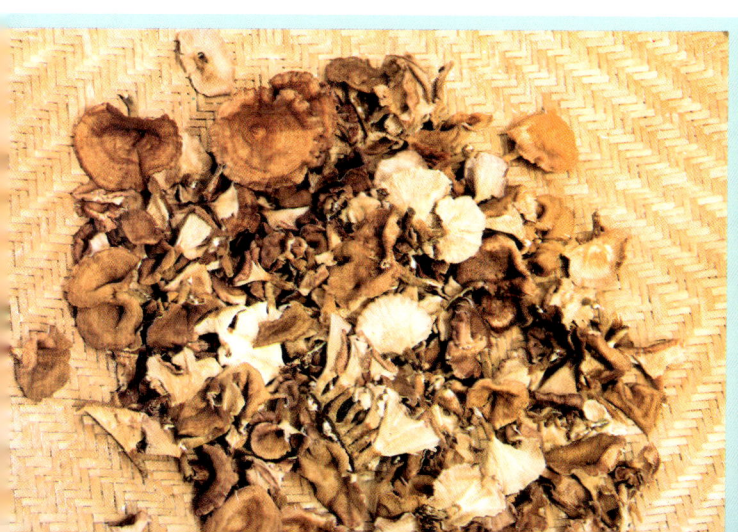

Cogumelos *siokoni amo*.

1. Cogumelos na alimentação sanöma

Os cogumelos comestíveis encontrados na região de Awaris são coletados principalmente nas áreas de roça e capoeira. Quando uma roça nova é feita, os primeiros cogumelos que nascem são *siokoni amo* (*Panus neostrigosus, Panus strigellus, Panus velutinus, Lentinus bertieri, Lentinus crinitus*), *hiwala amo* (*Pleurotus djamor*), *kotopo amo* (*Polyporus tricholoma*) e *atapa amo* (*Polyporus philippinensis*).

As roças são usadas durante três ou quatro anos e depois são abandonadas, dando lugar às capoeiras. Nesses locais existem grandes quantidades de madeira em decomposição, substrato para o crescimento de fungos. Isso faz com que as capoeiras sejam a fonte da maior variedade e quantidade de cogumelos coletados pelos Sanöma.

Mas não só nas capoeiras nascem os cogumelos. A floresta também é fonte de coleta de todas as espécies consumidas, com exceção do *siokoni amo* (*Panus neostrigosus, Panus strigellus, Panus velutinus, Lentinus bertieri, Lentinus crinitus*)[1].

As espécies de cogumelo mais apreciadas pelos Sanöma são *naönaö amo* (*Lentinula raphanica*)[2], *waikasö amo* (*Favolus brasiliensis*) e *atapa amo* (*Polyporus philippinensis*), pois ficam muito saborosos preparados embrulhados em folhas[3] e também cozidos em água, quando é possível preparar um saboroso caldo, engrossado com massa de beiju[4].

Não existe nenhum tipo de tabu alimentar relacionado aos cogumelos, por isso todos os Sanöma podem comê-los, mas os jovens preferem os cogumelos mais saborosos, que são considerados tão satisfatórios e nutritivos quanto a carne[5].

---

1. Embora em registros prévios (Fidalgo e Prance 1976) dos hábitos alimentares dos Sanöma não apareça o registro de *Panus strigellus*, G.T. Prance deixou uma anotação junto ao material depositado no herbário do INPA, sob o número INPA42039, de que os Yanomami não distinguiam aquele material da espécie *Panus rudis* (= *Panus neostrigosus*) e considerou a amostra como *P. rudis* var. *strigellus* (Vargas-Isla et al. 2015). Recentemente, em um trabalho conjunto entre o INPA, o TMI e o IBt, foi certificado que o material estudado por G.T. Prance representa a espécie *Panus strigellus* (Vargas-Isla et al. 2015).

2. Fidalgo e Prance (1976) identificaram o cogumelo *naönaö amo* (grafado por eles *Nai-nai-amo*) como *Lentinus glabratus*. Neste estudo os cogumelos nomeados como *naönaö amo* foram identificados como *Lentinula raphanica*. Ao gênero *Lentinula* pertence também o cogumelo comestível *shiitake* (*Lentinula edodes*), consumido mundialmente. A ocorrência de *Lentinula raphanica* no estado do Amazonas já foi publicada por Capelari et al. (2010).

3. São usadas folhas de espécies das famílias Heliconiaceae, Arecaceae, Zingiberaceae e Marantaceae.

4. Beiju é um tipo de pão feito a partir de mandioca (*Manihot esculenta*) ralada e assado em chapas de ferro ou, antigamente, de cerâmica. O beiju e a banana (*Musa* spp.), normalmente consumida verde e assada, são as principais fontes de carboidrato dos Sanöma.

5. Os Sanöma, como outros Yanomami, distinguem dois tipos de fome, que podem ser traduzidos como "fome de proteína" e "fome de carboidrato". Os cogumelos entram na categoria dos alimentos que saciam a fome de proteínas, junto com os peixes e os animais de caça.

Cogumelos *hiwala amo*.

Cogumelos na alimentação sanöma

Na maioria das vezes são as mulheres mais velhas que pegam cogumelos quando vão para a roça. Quando voltam para casa assam os cogumelos embrulhados em folhas para suas famílias. Os homens pegam cogumelos geralmente quando vão caçar na floresta. Quando encontram muitos, fazem um embrulho com folhas, que é pendurado no pescoço para ser transportado. Em casa, uma das formas de preparo é cozinhá-los em água, e com essa água fazem um saboroso caldo.

No verão, entre os meses de outubro e março, quando chove menos, é possível encontrar cogumelos, mas em menor quantidade e eles rapidamente ficam duros e ressecados[6]. No inverno, entre os meses de abril e setembro, quando chove muito, os cogumelos podem ser colhidos até três dias depois de nascerem, antes de apodrecerem.

---

6. As fibras (hifas) que formam o cogumelo são divididas, de maneira geral, em três grupos: monomíticas, dimíticas e trimíticas. Os cogumelos com hifas monomíticas, como do gênero *Lentinula*, deterioram-se ao ficarem maduros demais. Porém, quando desidratados e reidratados, voltam a ficar macios novamente. Já os cogumelos com hifas dimíticas ou trimíticas, como os das espécies *Panus velutinus* e *Lentinus crinitus*, tornam-se fibrosos e coriáceos ao envelhecer e não voltam a ficar macios ao serem desidratados e posteriormente reidratados.

Koataka naha ana amo halo, õkoma kökö ĩ naha kui tökö sakule, ai amopö tua, ĩ naha tã kuakule.

Embrulhos de cogumelos e banana verde sendo assados na brasa e cogumelos sendo cozidos em água com sal e pimenta.

30

Sanöma samakönö hikali a thaa wi ĩ tä

Sanöma samakönö hikali ose tä uli, hikanino, ĩ naha kui tökö naha ana sama amopö hukäa sinomo kutenö, Sanöma samakönö hikali sama thaa wi ĩ sama tä wäsä piakule.

Hikali wa thaa pia salo, wa tä uli tae paioö. Ĩ tähä wa tä uli toita talali tähä, tä uli makamakapö, tä uli usipö, tä uli salö topa apaha, ĩ naha tä kuaha:

– Hisa ha ipa hikali sa thaa piakule.

Ĩ naha wa pii kuu soa talonö, wa hua kõa soatalolönö, sai a naha wa waloa kokinö, ĩ töpö pewö naha wa hapalonö:

– Hena tähä ipa hikali ma nasitoma piakule.

Ĩ naha ĩ töpö pewö naha wa kuunö, ĩ hena tä soatawö, ĩ wa töpö pewö kai hua soatalolönö, wa töpö kai waloa soatakinö, ĩ tä soatawö, hikali ma nasitoma soataö. Makö satehe epö kutenö, sami tä wakala naha ma tä uli nasitomamaa soatasoö. Ĩ tähä sai a naha makö hua paia kononönö, ĩ hena tähä hi ma tiki sai tusä pia salo.

Ĩ makö pewö nö, hanoko ma pewö kai hua soatalolönö, ĩ tähä hi ma tiki pewö tusäa soapali, ĩ ma tiki pewö tusäa soapalönö, ĩ tähä sai a hamö makö hua koa soasolöö. Ĩ tähä wa kua kotia tähä, polakapi pilipoma kökö matalonö, hikali wa mööha, ĩ tä uli pewö siliki wakiwöha, ĩ tä soatawö wa tä uli wakö ömöa soatamakii.

Hikali a wakö ömömakule.
Colocando fogo na roça.

Ĩ tähä sami *domingo* tä matalonö, tä uli ösö pewö holelea totia kopaso noaiha, ĩ tähä hikali a naha nasö wa ösö hilapa paioö. Ĩ tähä nasö wa ösö pewö hilapamaa toitalonö, ĩ hena tä soatawö wano makö pewö nö nasö ma ösö päka thaa tähä, suö töpö pewö nö nasö ösö hiläläa nokapalo pasio soataö. Ĩ tä wakala naha soawö ösö hiläläamaa soatasoö.

Hikali a wa kö ömömaköma maaki, hi tipö pewö ĩsi totio maikitä. Pili ti poko, pili ti hena ĩ naha tä pewö ĩsi a kua pälaso wi ĩ tä kua. 3 pilipoma kökö matalonö, hikali a ãkesoöha, suö töpö nö hikali a ãke ukäa paha, siokoni amo, hiwala amo, ĩ naha kui amopö hukäa soma paio wi ĩ tä kua. Ĩ tökö nömöwö nasö ösö patasipö a totiso noaiha, atapa amopö, kotopo amopö, ĩ naha kui amopö lalo kua soma wi ĩ tä kua.

Ĩ naha tä kua tähä, 4 inamaa tökö naha, nii tökö maa totipaso wi ĩ tä kua. Ĩ tähä hi tipö häwä naha ĩ ana amopö pewö lalo nömöo wi ĩ tä kua. Atapa amopö, naönaö amopö, siokoni amopö, hasa sömökali amopö, ploplolemö amopö, hami amopö, waikasö amopö, hiwala amopö, sama amuku, ĩ naha amopö kui ĩ amopö pewö lalo nömöo wi ĩ tä kua. Hikanino kuoma maaki, uli tä uli kua kopasoma maaki, ĩ hi tipö häwä naha ana amopö pewö lalo soatio wi ĩ tä kua. Hi tipö pewö hotea totilonö, tipö pewö paa maa totiki tähä, ana amopö lalo mapaso wi ĩ tä kua.

Inamaa tä naha anamo lalo kule maaki, lope epii amo silikilaso wi ĩ tä kua. Maa tä naha anamo kuki tähä 3 tä wakala naha anamo hoteto wi ĩ tä kua.

Cogumelos no sistema agrícola sanöma

Nas roças que estão produzindo mandioca e também nas capoeiras que nascem nos locais de roças abandonadas os cogumelos são coletados o ano todo. As técnicas de cultivo de mandioca usadas pelos Sanöma estão intimamente relacionadas à diversidade e à quantidade de cogumelos coletados cotidianamente.

Para fazer uma roça, em primeiro lugar é preciso identificar um local propício. Os melhores locais são aqueles em que o terreno é plano e o solo é escuro e composto de barro misturado com areia.

Fazer uma roça é uma atividade coletiva e normalmente envolve a família extensa dos participantes. Depois de escolhido o local, deve-se brocar[1] a área onde a roça será plantada, atividade que pode durar mais de um dia de trabalho.

Em seguida, com seus machados, os homens vão derrubar as árvores, atividade que pode durar alguns dias, dependendo do tamanho da roça a ser feita. A partir do início da estação seca, nos meses de outubro e novembro, as árvores são derrubadas. Aproximadamente dois meses após a derrubada, coloca-se fogo nas árvores que estão secas[2]. Isso acontece nos meses de janeiro e fevereiro.

Depois de colocar fogo, a terra demora uma semana para esfriar. Durante esse período, as manivas[3] são preparadas para o plantio. O plantio das mudas é uma atividade de homens e mulheres: os homens fazem os buracos com varas de madeira ou ferramentas de metal e as mulheres enterram

Hikali a tute tä uli naha siokoni amo, hiwala amo, ĩ naha tä lalo kua soma wi ĩ tä kua.

Roça de três meses, quando começam a crescer os cogumelos **siokoni amo** (*Panus neostrigosus, Panus strigellus, Panus velutinus, Lentinus bertieri, Lentinus crinitus*) e **hiwala amo** (*Pleurotus djamor*).

Hikali a naha nasö ösö patasipö waki ĩ tä uli naha atapa amo, kotopo amo, ĩ naha amopö lalo kuaö.

Roça de aproximadamente um ano, quando começam a crescer os cogumelos **atapa amo** (*Polyporus philippinensis*) e **kotopo amo** (*Polyporus tricholoma*).

1. Cortar os arbustos e árvores pequenas antes de derrubar as árvores grandes.

2. O fogo pode favorecer o desenvolvimento de algumas espécies de cogumelos de duas formas: por inviabilizar o desenvolvimento de esporos de outros fungos concorrentes ou por aumentar o pH dos substratos.

3. Muda da mandioca.

Hikanino.
Capoeira em local de roça abandonada.

as mudas de mandioca. Dependendo da extensão da roça e do número de pessoas trabalhando, essa atividade pode durar apenas um dia.

A partir de abril, ou seja, aproximadamente três meses depois da roça ter sido cultivada, o mato já brotou e é hora das mulheres limparem a roça. Nesse momento elas começam a encontrar, nos troncos que sobraram da queimada, os cogumelos *siokoni amo* (*Panus neostrigosus, Panus strigellus, Panus velutinus, Lentinus bertieri, Lentinus crinitus*)[4] e *hiwala amo* (*Pleurotus djamor*)[5]. Isso acontece porque quando o fogo é colocado na roça não é toda a madeira que queima. Somente os galhos mais finos e as folhas viram cinzas. As madeiras mais grossas, onde nascem os cogumelos, não queimam totalmente.

Depois que a mandioca cresceu e está madura, em aproximadamente um ano,

---

[4]. A temperatura ótima para o desenvolvimento da colônia da maioria das espécies de cogumelos é entre 25 e 28°C. As espécies *Panus neostrigosus* e *Panus strigellus,* incluídas dentre os cogumelos *siokoni amo,* apresentam temperatura ótima de crescimento em torno de 35°C. Essa característica favorece o aparecimento pioneiro de cogumelos dessas espécies nas roças.

[5]. Existe um determinado tempo e uma determinada ordem de surgimento de cada espécie de cogumelo na sucessão das roças e isso está relacionado com as características de colonização de cada espécie e com o tempo do seu ciclo de vida. Espécies do gênero *Pleurotus* são caracterizadas pelo rápido crescimento micelial e alta habilidade de colonização saprofítica do micélio (Zadrazil 1978). O cultivo da espécie *Pleurotus ostreatus,* por exemplo, requer menos tempo de crescimento em comparação a outras espécies de cogumelos, o que, dentre outras características, faz com que seja o segundo cogumelo mais cultivado no mundo (Sánchez 2010).

Hikanino.
Capoeira em local de roça abandonada.

Cogumelos no sistema agrícola sanöma

ou seja, no mês de janeiro do ano seguinte à aberturada roça, nos troncos caídos começam a crescer os cogumelos *atapa amo* (*Polyporus philippinensis*) e *kotopo amo* (*Polyporus tricholoma*).

Em quatro anos uma roça (roça I) deixa de produzir mandioca e é abandonada, ou seja, as mulheres não tiram mais o mato que cresce e nem plantam novas manivas. E então, quando a floresta começa a se regenerar e nasce uma capoeira, nos troncos apodrecidos que sobraram da derrubada e queima das árvores, começam a crescer todas as espécies de cogumelos: *atapa amo* (*Polyporus philippinensis*), *hami amo* (*Pleurotus albidus*), *hasasömökali amo* (*Polyporus* aff. *thailandensis*), *hiwala amo* (*Pleurotus djamor*), *kotopo amo* (*Polyporus tricholoma*), *naönaö amo* (*Lentinula raphanica*), *ploplolemö amo* (*Lentinus concavus*), *sama amuku/samasamani amo* (*Polyporus aquosos*), *sikimö amo/olomai tili amo* (*Hydnopolyporus fimbriatus*), *siokoni amo* (*Panus neostrigosus, Panus strigellus, Panus velutinus, Lentinus bertieri, Lentinus crinitus*) e *waikasö amo* (*Favolus brasiliensis*).

Na área de capoeira, depois de dois anos, uma nova roça (roça II) pode ser feita. No entanto, é uma roça que dura no máximo dois anos, pois o solo já está com poucos nutrientes. Nessas roças também crescem todos os tipos de cogumelos, assim como nas capoeiras que as sucedem[6].

Enquanto há troncos em decomposição nessa área, mesmo quando a capoeira vira floresta, os cogumelos continuam crescendo. Somente quando a floresta se regenera completamente e a quantidade de troncos em decomposição diminui, essa área passa a produzir muito menos cogumelos que nas roças e capoeiras[7], ou seja, produz o mesmo que uma área de floresta não manejada.

---

6. Nas roças de capoeiras coexistem troncos grossos, remanescentes da primeira derrubada e colonizados por espécies de cogumelos de ciclos mais longos, e troncos de árvores pioneiras, recém colonizados por espécies de cogumelos de ciclos curtos. Isso explica a maior diversidade de espécies de cogumelos nesses tipos de roças.

7. A principal fonte de energia para os cogumelos são a celulose e a hemicelulose das madeiras. O consumo desses polissacarídeos pelos cogumelos leva à degradação e ao apodrecimento total das árvores derrubadas.

Hikanino naha hikali a thaa koköma.
Roça de 3 meses, plantada
em local de capoeira derrubada.

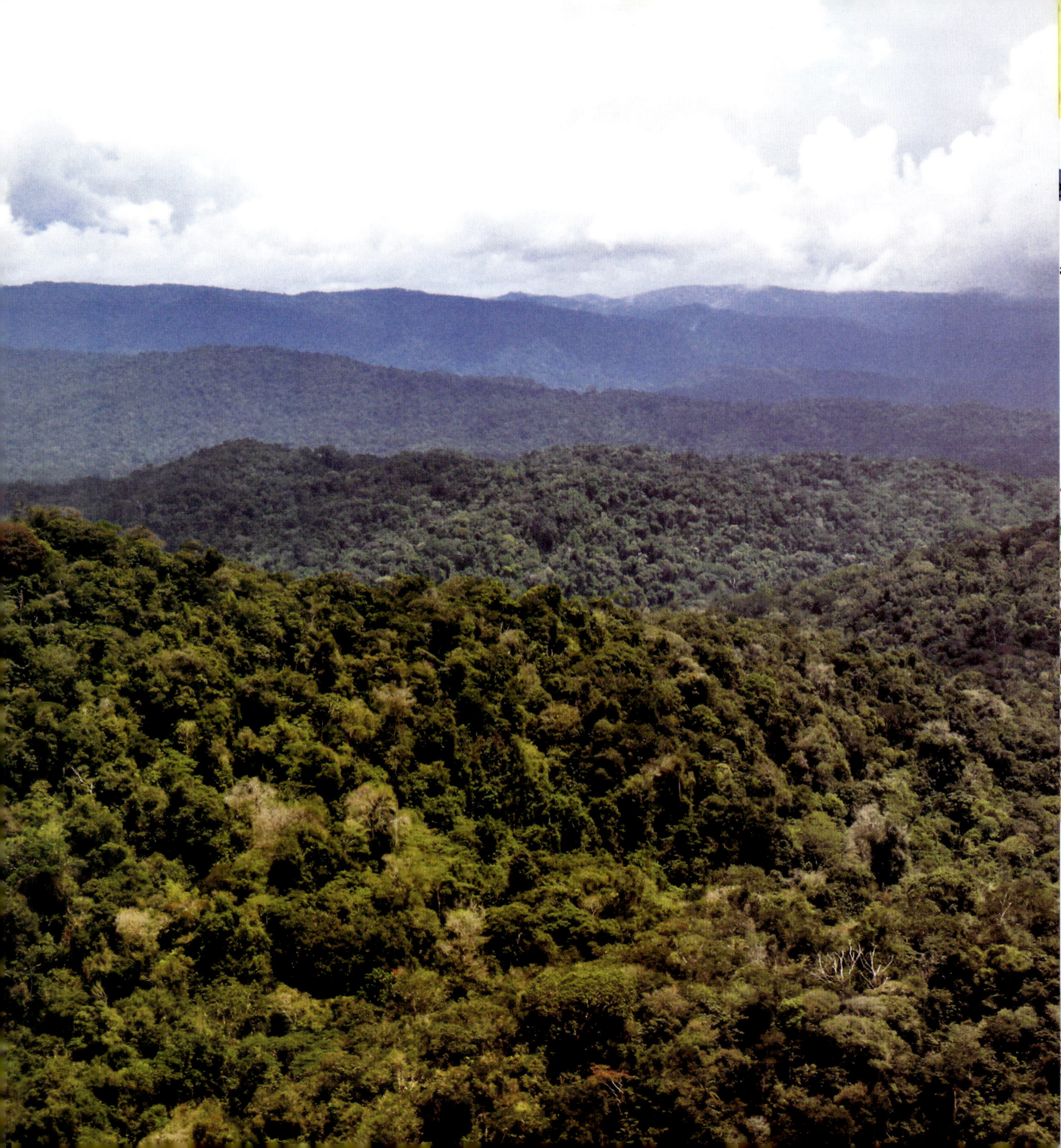

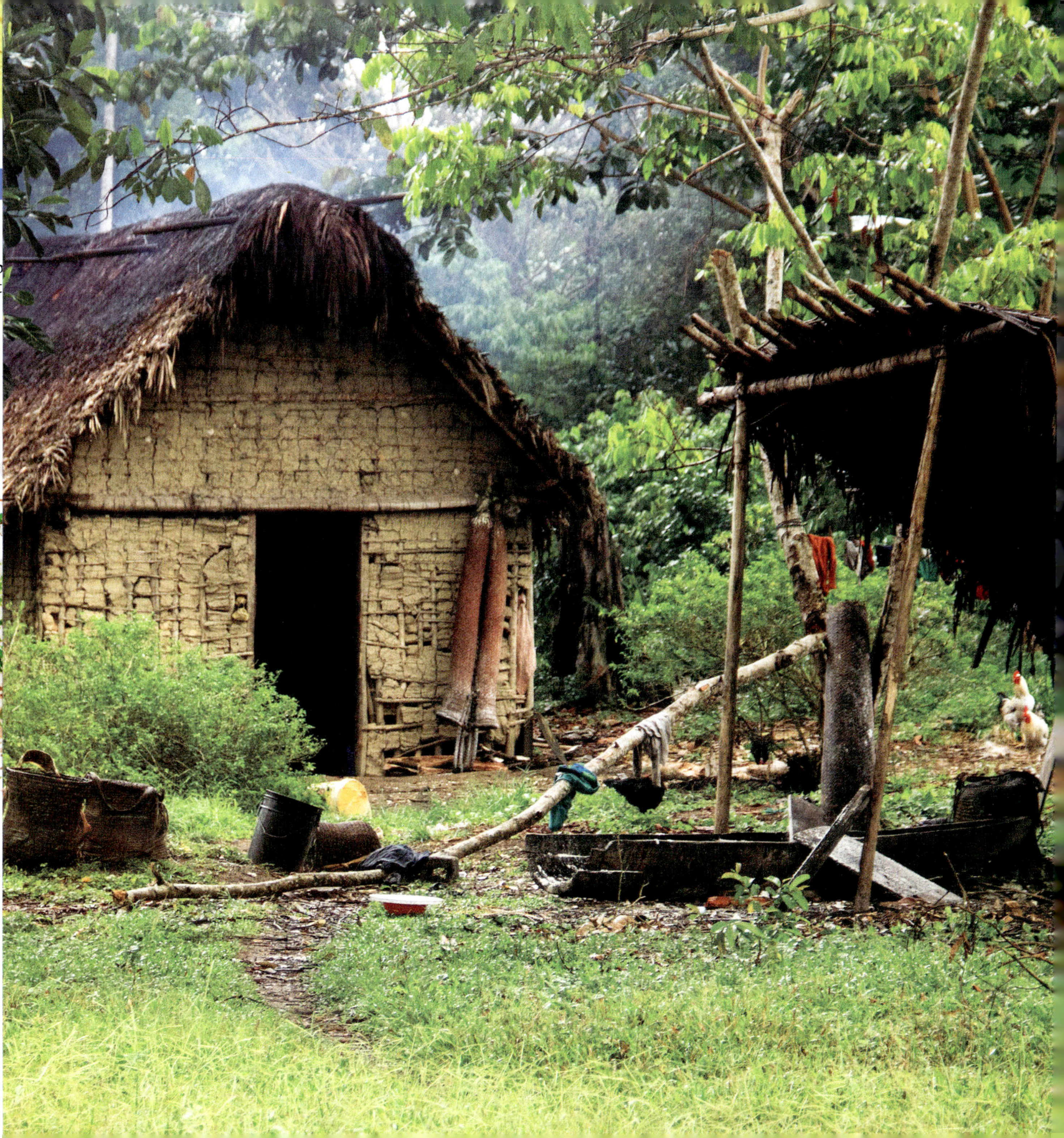

Koataka naha ana amo halo sakule.
Assando cogumelos na brasa.

3 Ana amopö löpöma wi ĩ tä

Awai, uli ha wa huu paha, hi ti häwä naha ana amo pi paa tähä, wa amo pi paa talali, sösömii häwä naha wa amo pi paa talalönö, wa amo hukäa pia salo, saa wa nakö sua paitalönö, wa nakö paa kotökönö, wa amo huköaö. Wa amo huköa matalönö, wa amo halopalii, ai amo halo toleke, ai amo halo humöma, hapoka ha ai amo tupöpö, ai amo halo puusipalii. Ĩ naha ana wa amo halo pewö thaa hötötötalönö, sai a hamö wa amo halo pewö kai kopolönö, saa nakö ha wa amo halo palehe, koataka naha ĩ amo halo pewö "pooö, pooö". Ĩ naha wa amo halo thapanö, saa nakö ha ai wa mo halo puusi palehe, hapoka naha ĩ wa amo tua soka totikii, ĩ naha ana amo na ĩ naha wa kuaö.

Saa nakö naha ai wa amo halopale, ĩ amo naha ai tä tikilia maikitä. Ai tä tikilia maiha, wa amo halo löpöa sisa talönö, wa amo halo löpö kusöpakönö, wa amo oa soa pätalii. Ĩ naha tä kua tähä, hapoka na ai wa amo tupahe, ĩ amo tuopa mötati tä kemaki, paki tä kemaki. Amo tule, ĩ amo naha, ĩ naha wa tä kea thamakönö, amo pi ukötalönö, amo puu sopi soaiha, ĩ amo puu sopi naha ĩsã ãĩ ãketema husisikinö, amo puu pãipalönö, amo puu koaö. Ĩ naha ana amo pewö naha ĩ naha tä kuaö.

Halo humöma e *Halo puusi*. Diferentes formas de embrulhar os cogumelos.

Ana amo tule ĩ mo naha, paki tä, mötati tä, ĩ naha tä kea thamakönö ĩsã ãĩ husisia naikinö mo oa wi ĩ tä kua.

Depois dos cogumelos serem cozidos na água com sal e pimenta, a massa do beiju é misturada ao caldo para engrossá-lo.

3. Cogumelos na culinária sanöma

Existem duas formas principais de preparo dos cogumelos: cozidos em água ou embrulhados em folhas e assados diretamente na brasa.

Os cogumelos encontrados nas roças, nas capoeiras ou na floresta são coletados e embrulhados nas folhas de *silaka amösö* (*Heliconia bihai*), *nimö nakö* (*Bactris trailiana*), *hitanömö nakö* (*Renealmia floribunda*) ou *pisa nakö* (*Calathea altissima*) para serem transportados para as casas.

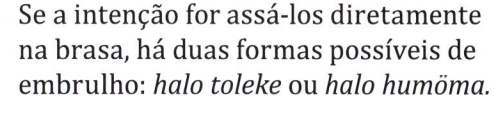

Se a intenção for assá-los diretamente na brasa, há duas formas possíveis de embrulho: *halo toleke* ou *halo humöma*.

Os cogumelos são assados na brasa sem tempero algum. Depois de prontos são consumidos acompanhados de beiju e banana verde assada. Ao fim de toda refeição, toma-se *xibé*[1].

Para o preparo dos cogumelos na panela, cozidos em água, é feito um embrulho na forma *halo puusi*, para transportá-los até a comunidade.

Os cogumelos são retirados do embrulho, colocados em uma panela com água, sal e pimenta fresca e levados ao fogo. Eles ficam prontos rapidamente, em aproximadamente 10 minutos. Depois de prontos, a panela é retirada do fogo e na água ainda quente é polvilhada a massa do beiju, que é rica em amido. Enquanto a massa é polvilhada mistura-se o caldo constantemente, até que engrosse. Esse caldo[2] pode ser bebido ou serve para molhar o beiju que acompanha a refeição.

---

[1]. Bebida não alcoólica feita de beiju hidratado em água. Uma das bases da alimentação sanöma.

[2]. Os cogumelos comestíveis em geral contêm vários compostos com ação biológica que são solúveis em água. Assim, além dos valores nutricionais, tanto o cogumelo quanto o caldo podem atuar como alimentos funcionais.

Ana amo löpö, õkoma löpö, ĩsã ãĩ, paki tä kopeke, ĩ naha kui tökö naha mopö tiaö.

Refeição completa com cogumelos assados na brasa.

4

Ĩ kapi ti sai naha ana amopö lalo totioö?
Troncos em que crescem os cogumelos

Hi ti/ Nome sanöma da madeira	Espécie vegetal	Ana amopö/ Cogumelos que crescem na madeira em decomposição	Espécie de cogumelo
Apia ti	*Micropholis melinoniana* Pierre	atapa amo waikasö amo	*Polyporus philippinensis* *Favolus brasiliensis*
Kaimani ti	*Couma macrocarpa* Barb. Rodr.	naönaö amo siokoni amo waikasö amo	*Lentinula raphanica* *Panus neostrigosus,* *Panus strigellus, Panus velutinus, Lentinus bertieri, Lentinus crinitus* *Favolus brasiliensis*
Kõa toto	*Dioclea* cf. *malacocarpa* Ducke	atapa amo hiwala amo waikasö amo	*Polyporus philippinensis* *Pleurotus djamor* *Favolus brasiliensis*
Koko sai	*Schefflera* sp.	hiwala amo siokoni amo	*Pleurotus djamor* *Panus neostrigosus, Panus strigellus, Panus velutinus, Lentinus bertieri, Lentinus crinitus*
Kotalima ösö	*Croton palanostigma* Klotzsch	waikasö amo	*Favolus brasiliensis*
Kulalai	Leguminosae	naönaö amo	*Lentinula raphanica*
Kulapoi	*Trichilia* sp.	atapa amo sikimö amo	*Polyporus philippinensis* *Hydnopolyporus fimbriatus*
Kumakai	*Ficus* sp.	atapa amo naönaö amo siokoni amo waikasö amo	*Polyporus philippinensis* *Lentinula raphanica* *Panus neostrigosus, Panus strigellus, Panus velutinus, Lentinus bertieri, Lentinus crinitus* *Favolus brasiliensis*
Lapai	*Inga edulis* Mart.	atapa amo waikasö amo	*Polyporus philippinensis* *Favolus brasiliensis*

Ĩ kapi ti sai naha ana amopö lalo totioö?
Troncos em que crescem os cogumelos

Hi ti/ Nome sanöma da madeira	Espécie vegetal	Ana amopö/ Cogumelos que crescem na madeira em decomposição	Espécie de cogumelo
Ölanato	*Pourouma* sp.	atapa amo naönaö amo siokoni amo	*Polyporus philippinensis Lentinula raphanica Panus neostrigosus, Panus strigellus, Panus velutinus, Lentinus bertieri, Lentinus crinitus*
		waikasö amo	*Favolus brasiliensis*
Potomoi	*Vismia guianensis* (Aubl.) Choisy	siokoni amo	*Panus neostrigosus, Panus strigellus, Panus velutinus, Lentinus bertieri, Lentinus crinitus*
Salilimii ti	Annonaceae	naönaö amo sikimö amo waikasö amo	*Lentinula raphanica Hydnopolyporus fimbriatus Favolus brasiliensis*
Sawalai	*Micropholis* sp.	atapa amo naönaö amo siokoni amo	*Polyporus philippinensis. Lentinula raphanica Panus neostrigosus, Panus strigellus, Panus velutinus, Lentinus bertieri, Lentinus crinitus*
		waikasö amo	*Favolus brasiliensis*
Sikolai	?	atapa amo naönaö amo waikasö amo	*Polyporus philippinensis Lentinula raphanica Favolus brasiliensis*
Sitopolii	*Jacaranda copaia* (Aubl.) D. Don	atapa amo ploplolemö amo siokoni amo	*Polyporus philippinensis Lentinus concavus Panus neostrigosus, Panus strigellus, Panus velutinus, Lentinus bertieri, Lentinus crinitus*

Hi ti/ Nome sanöma da madeira	Espécie vegetal	Ana amopö/ Cogumelos que crescem na madeira em decomposição	Espécie de cogumelo
Sonokasöi	*Sterculia* (?) sp.	hami amo hasasömökali amo kotopo amo ploplolemö amo sama amuku sikimö amo waikasö amo	*Pleurotus albidus* *Polyporus* aff. *thailandensis* *Polyporus tricholoma* *Lentinus concavus* *Polyporus aquosos* *Hydnopolyporus fimbriatus* *Favolus brasiliensis*
Sösömii	?	naönaö amo siokoni amo	*Lentinula raphanica* *Panus neostrigosus, Panus strigellus, Panus velutinus, Lentinus bertieri, Lentinus crinitus*
Tikitikii	*Sagotia racemosa* Baill.	atapa amo waikasö amo	*Polyporus philippinensis* *Favolus brasiliensis*
Tokoli	*Cecropia* sp.	atapa amo hiwala amo siokoni amo waikasö amo	*Polyporus philippinensis* *Pleurotus djamor* *Panus neostrigosus, Panus strigellus, Panus velutinus, Lentinus bertieri, Lentinus crinitus* *Favolus brasiliensis*
Wapu ti	*Clathrotropis macrocarpa* Ducke	siokoni amo	*Panus neostrigosus, Panus strigellus, Panus velutinus, Lentinus bertieri, Lentinus crinitus*

52

5

Ana amopö pewö
Os cogumelos

Atapa amo
Polyporus philippinensis Berk.

Wi naha tä kuo paha hi ana amopö huköa totioö?

Uli hamö, hikali a naha, hi ti häwä naha atapa amo kua. Maa tu kasö naha, hi ti häwä naha atapa amo kua. Maa tu naha, kutiata ösö naha wa pi huu tähä, atapa amo kua tähä, wa amo hukölönö, wa amo oa wi ĩ tä kua.

Onde esse cogumelo é encontrado?

Na floresta, na roça e na beira dos rios, esse cogumelo cresce em troncos em decomposição.

Uma forma comum de obtê-lo é retirando-o de troncos apodrecidos que ficam nos barrancos e podem ser observados quando se está navegando de canoa no rio.

Wi naha hi ana amopö löpöma kua totioö?

Uli hamö wa huu tähä, atapa amo kua tähä, wa amo hukölönö, sa nakö naha wa amo halopalönö, koataka naha wa amo halo sapi, ĩ tähä amo halo löpösoöha, wa amo halo kusöpakönö, ĩsã ãĩ, õkoma, ĩ naha kui tökö naha atapa amo tiali wi ĩ tä kua. Atapa wa amo tuki pia salo, hapoka naha maa wa tu lökönö, ĩ ha atapa wa amo kea naia soamakönö, koataka naha wa amo pii wani tua soatakönö, mötati tä, paki tä, ĩ naha kui wa tökö kea soamakönö, tä kolösoöha wa amo pii wani uköpalönö, ĩsã ãĩ, õkoma, ĩ naha kui tökönö, wa amo wani tialali wi ĩ tä kua.

Como esse cogumelo é preparado?

Depois de coletados na floresta, os cogumelos são embrulhados em folhas e assados na fogueira. Quando estiverem cozidos, o embrulho será rasgado e os cogumelos consumidos acompanhados de banana verde assada e beiju. Outra forma de preparar é levar os cogumelos ao fogo em uma panela com água, sal e pimenta e servi-los com banana verde assada e beiju.

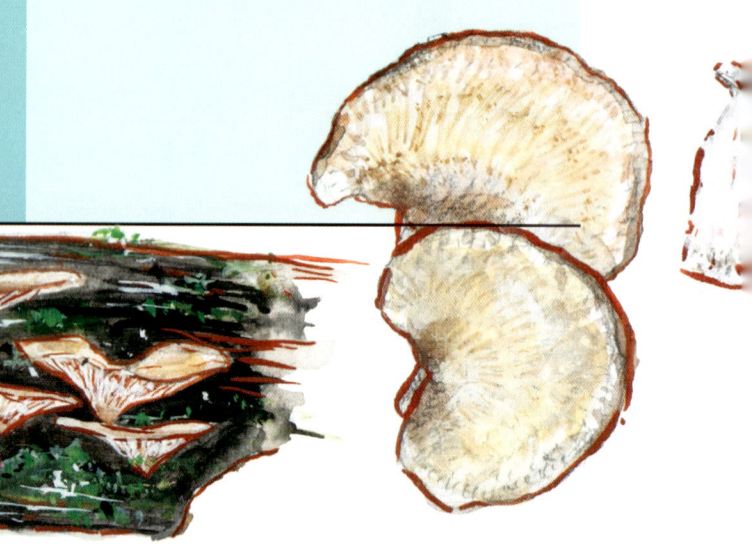

55

Atapa amo
Polyporus philippinensis Berk.

56

57

Hami amo
Pleurotus albidus (Berk.) Pegler

Wi naha tä kuo paha hi ana amopö huköa totioö?	**Onde esse cogumelo é encontrado?**
Uli hamö wa huu tähä, hi ti kolo häwä naha hami amo kua tähä, wa amo hukölönö, saa nakö naha wa amo halopali wi ĩ tä kua. Hikali a naha suö töpö kalipalo tähä, tokoli kolo häwä naha, hami amo kua tähä, amo huköli wi ĩ tä kua.	Ele pode ser coletado na floresta, pelos caçadores, ou nas roças e capoeiras, pelas mulheres.
Wi naha hi ana amopö löpöma kua totioö?	**Como esse cogumelo é preparado?**
Uli hamö hami amo kua tähä, wa amo hukölönö, saa nakö naha wa amo halopalönö, sai a naha wa amo kai waloa kokinö, koataka naha wa amo halo sapanö, wa amo oali wi ĩ tä kua. Hami amo naha paki tä, mötati tä, ĩ naha tökö kea tikilia thamakönö, hami amo oali wi ĩ tä kuami. Õkoma, ĩsã ãĩ, nasi kõi, ĩ naha kui tökö naha hami amo tiali wi ĩ tä kua sisa. Wini ipi hi hami amo hami, ĩ naha hi hami amo kuö.	Esse cogumelo é normalmente assado em folhas, não é cozido em água. Não se usa sal nem pimenta como tempero, pois ele já é levemente picante. Come-se com banana verde assada e beiju.

59

Hami amo
Pleurotus albidus (Berk.) Pegler

61

Hasasömökali amo
Polyporus aff. *thailandensis* Sotome

Wi naha tä kuo paha hi ana amopö huköa totioö?

Uli hamö hasasömökali amo kua, hĩkanino naha hasasömökali amo kua. Uli hamö wa namö huu tähä, hasasömökali amo kua tähä, wa amo hukölönö, saa nakö naha wa amo halo pali wi ĩ tä kua. Wa amo halopalönö, wa amo halo sili wi ĩ tä kua. Sai a naha wa amo halo kai waloa kokinö, wa amo oali wi ĩ tä kua.

Onde esse cogumelo é encontrado?

Ele é encontrado principalmente na floresta e nas capoeiras.

Na floresta é coletado por caçadores, embrulhados em folhas no formato *halo puusi* e levado para casa amarrado no pescoço.

Wi naha hi ana amopö löpöma kua totioö?

Uli hamö hasasömökali amo kua tähä, wa amo hukölönö, sai a naha wa amo halo kai waloa kokinö, koataka naha wa amo halo sapanö, amo halo löpösoöha, wa amo halo kusöpakönö, ĩsã ãĩ, õkoma, ĩ na kui tökö naha wa amo tiali wi ĩ tä kua.

Como esse cogumelo é preparado?

Ele pode ser assado em folhas e consumido acompanhado de banana verde assada e beiju.

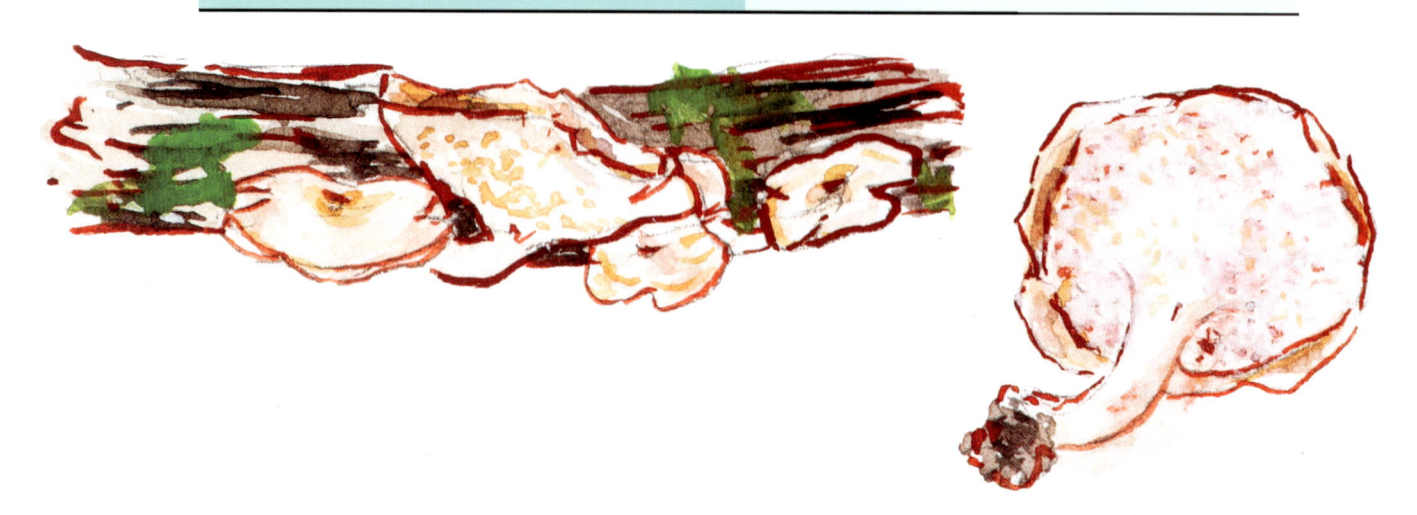

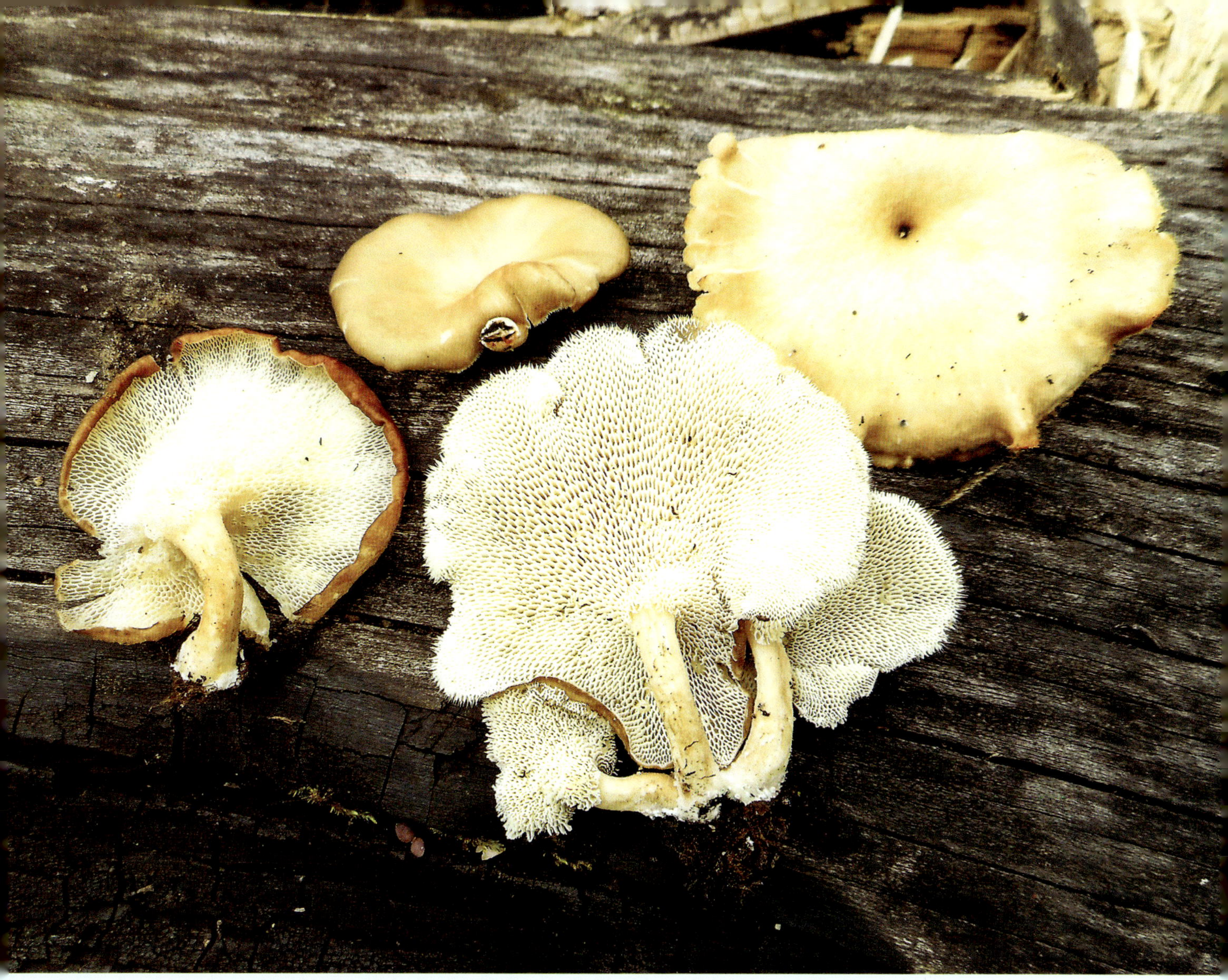

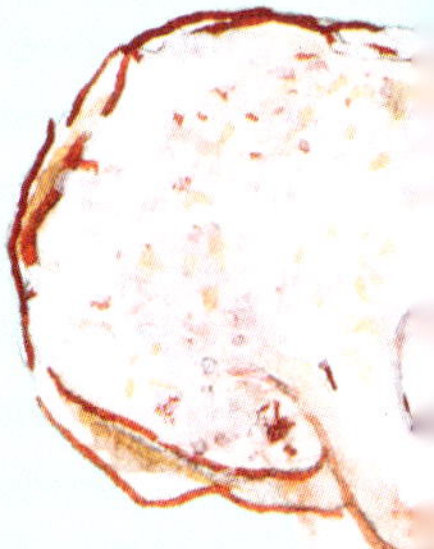

Hasasömökali amo
Polyporus aff. *thailandensis* Sotome

65

Hiwala amo
Pleurotus djamor (Rumph. ex. Fr.) Boedijn

Wi naha tä kuo paha hi ana amopö huköa totioö? Awai, hi hiwala amo kui, hikali a möthali naha, tokoli kolo häwä naha, hi amo kutaö. Uli hamö hi hiwala amo kua naia.	**Onde esse cogumelo é encontrado?** Esse cogumelo normalmente é encontrado em troncos de embaúba, na parte central da roça. Ele também pode ser coletado, com menor frequência, na floresta.
Wi naha hi ana amopö löpöma kua totioö? Awai, hi hiwala amo kui, ĩ wa amo halopalönö, wa amo halo sapi. Wa amo halo sapanö, amo halo löpösoöha, wa amo halo kusöpakönö, paki tä, ĩsã ãĩ, ĩ naha kui tökö naha, wa amo tiali wi ĩ tä kua.	**Como esse cogumelo é preparado?** Ele pode ser embrulhado em folha assado na brasa. Depois de cozido, embrulho é rasgado e o cogumelo perado com pimenta seca em pó. A panham beiju e banana verde assa

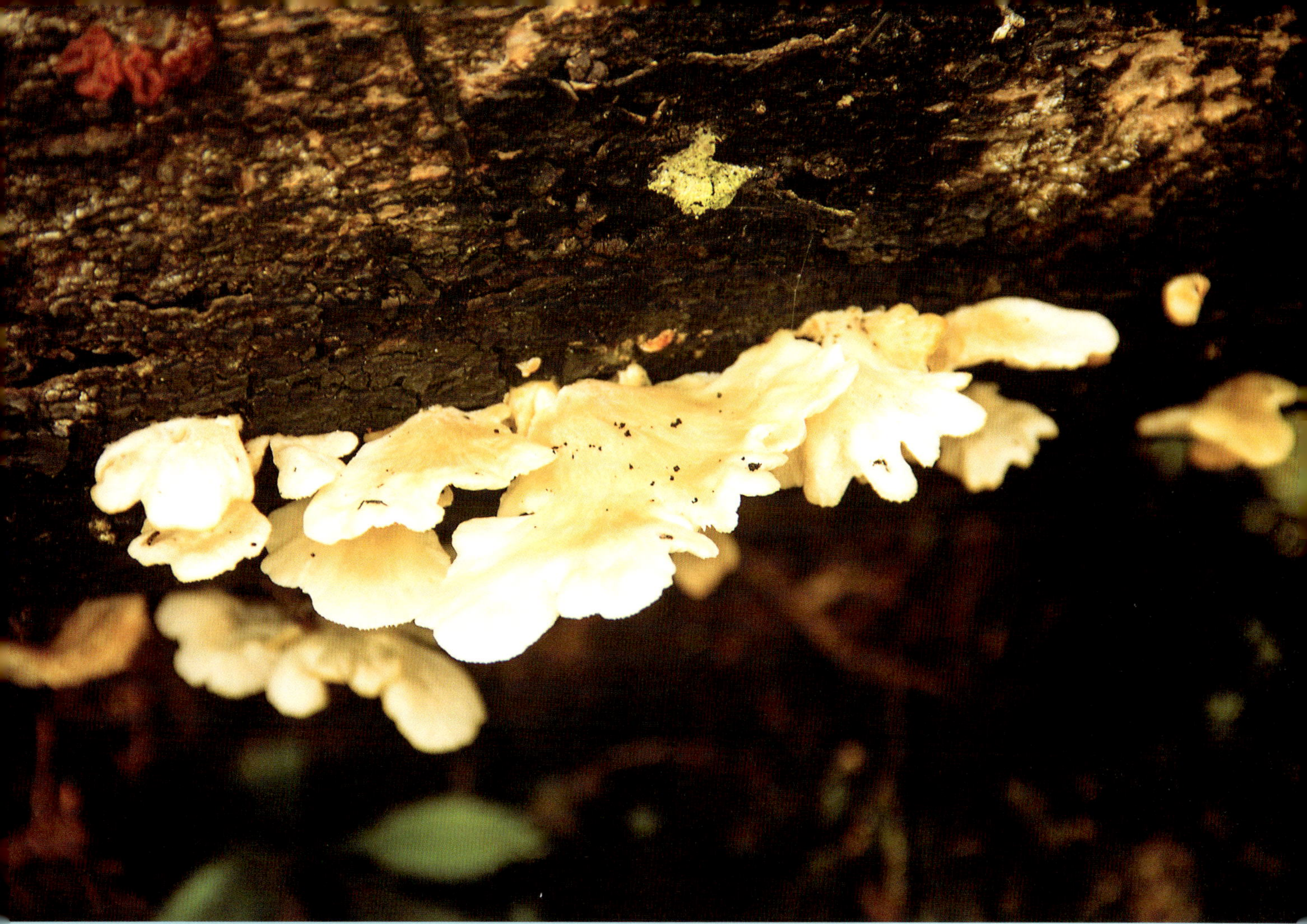

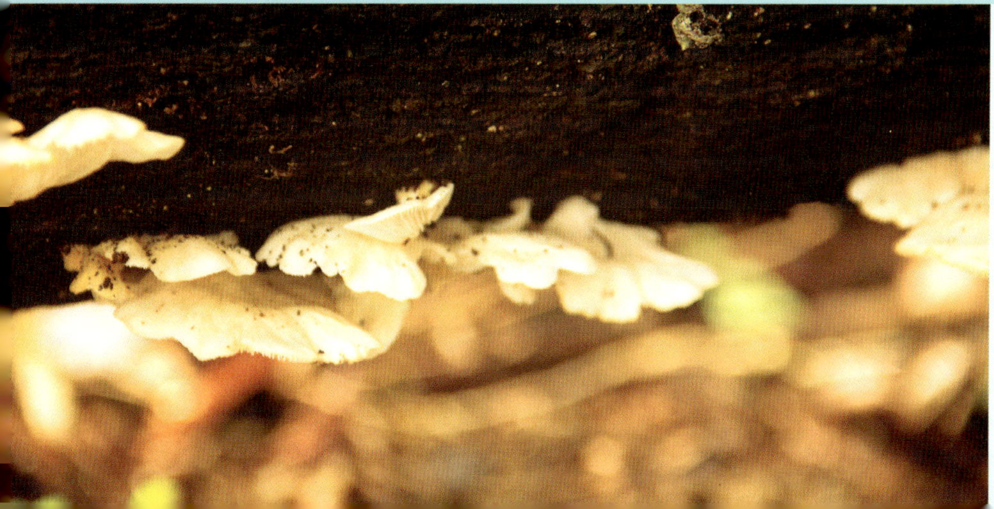

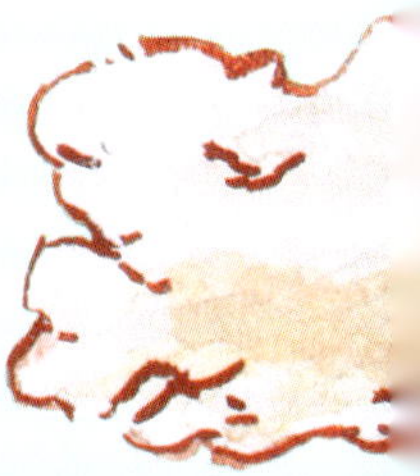

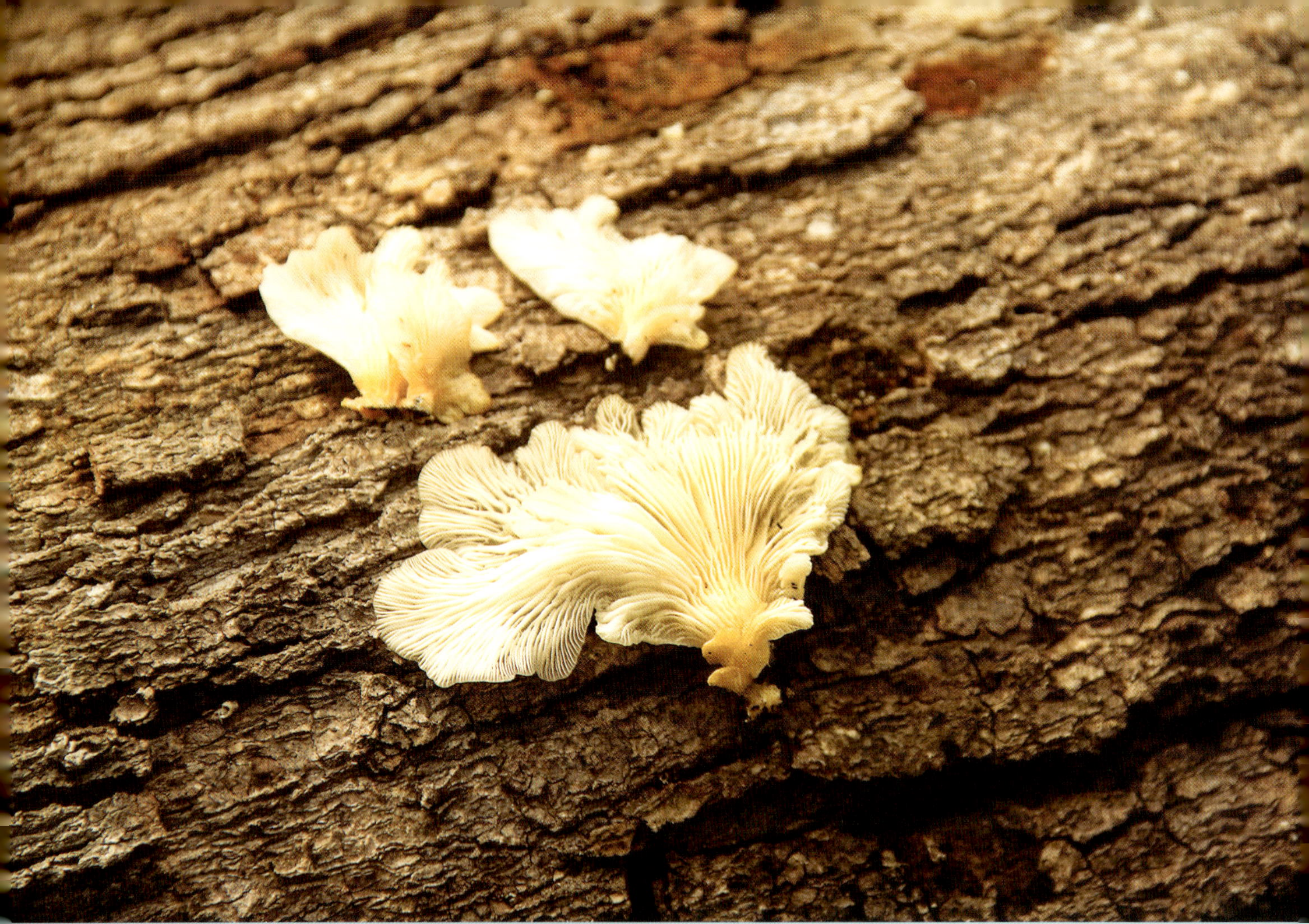

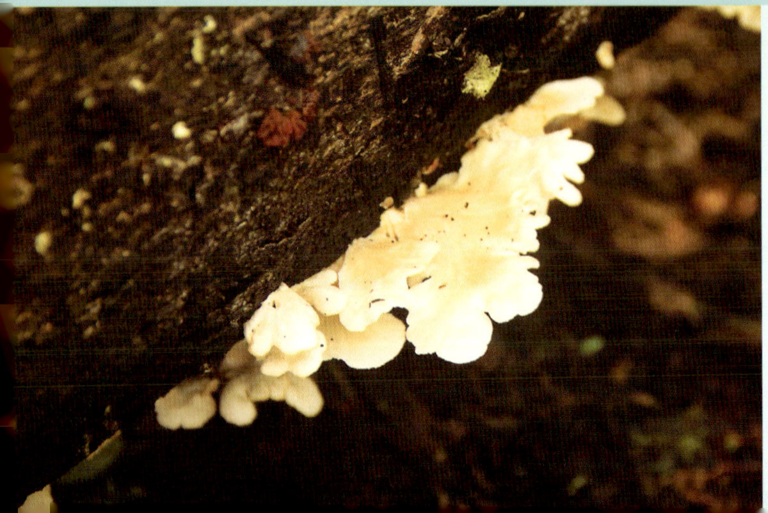

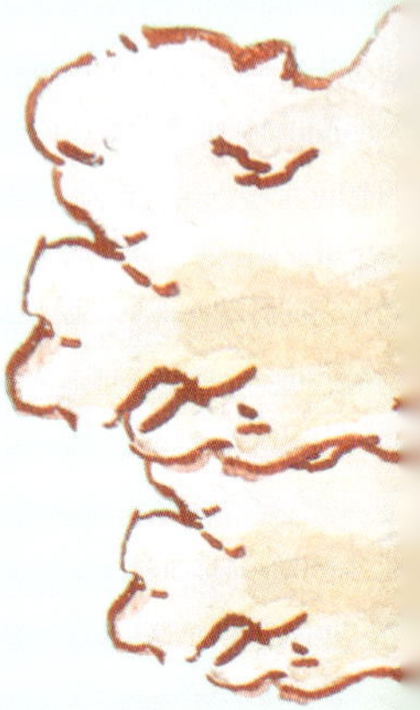

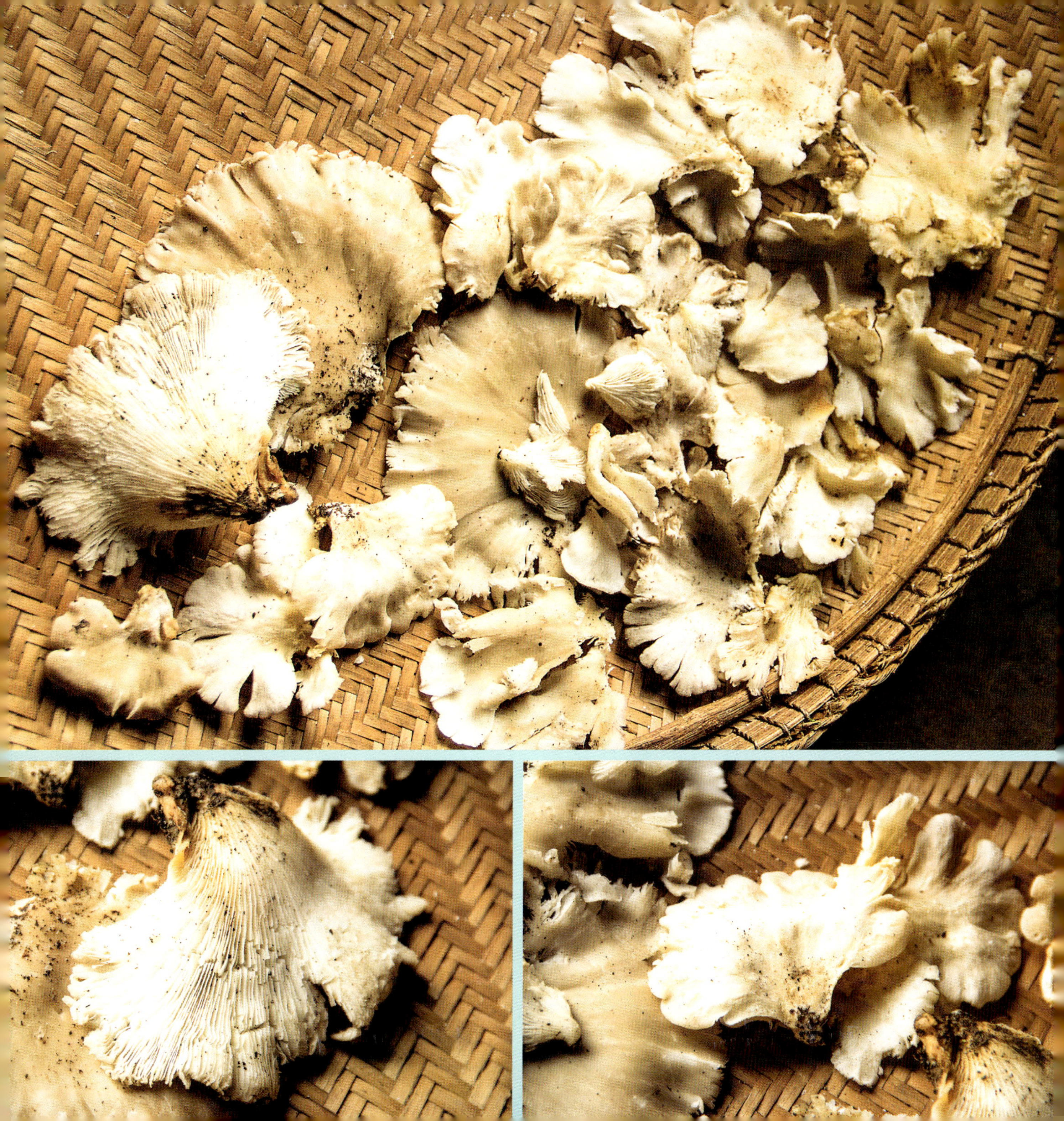

Kotopo amo
Polyporus tricholoma Mont.

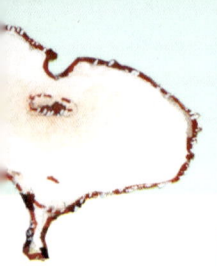

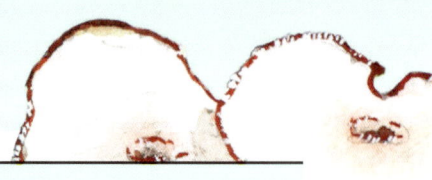

Wi naha tä kuo paha hi ana amopö huköa totioö? Awai, hi kotopo amo kui hikalino kasö ha hi kotopo amo kua. Hikalino mötali naha hi amo kua.	**Onde esse cogumelo é encontrado?** Esse cogumelo é encontrado principalmente nas capoeiras e nas bordas das capoeiras e roças.
Wi naha hi ana amopö löpöma kua totioö? Awai, hi kotopo amo kui, ĩ wa amo halopalönö, wa amo halo sapi. Wa amo halo sapanö, amo halo löpösoöha, wa amo halo kusöpakönö, paki tä, ĩsã ãĩ, ĩ naha kui tökö naha, wa amo tiali wi ĩ tä kua.	**Como esse cogumelo é preparado?** Ele pode ser embrulhado em folhas e colocado na brasa. Depois de cozido o embrulho é rasgado e o cogumelo, temperado com pimenta.

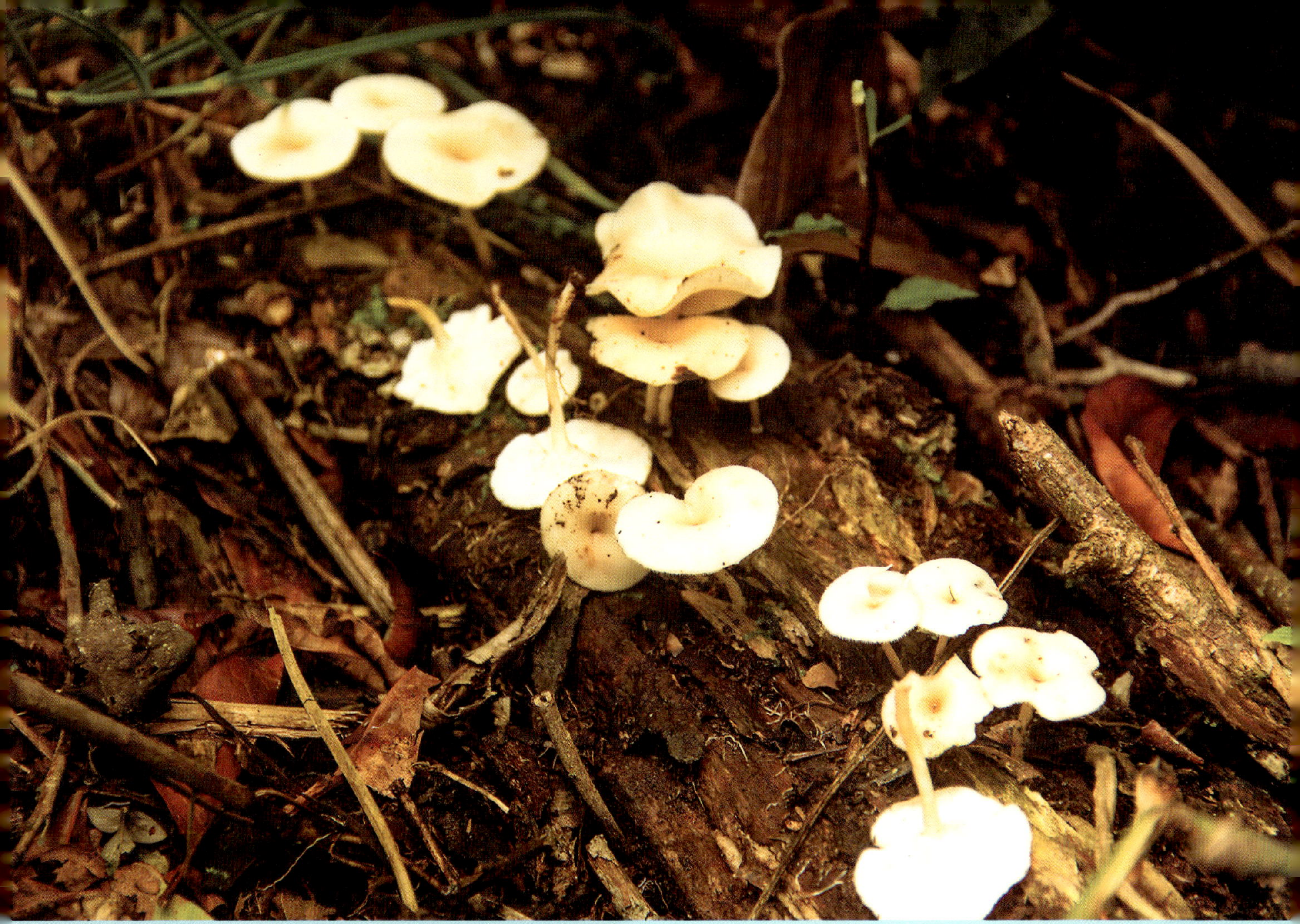

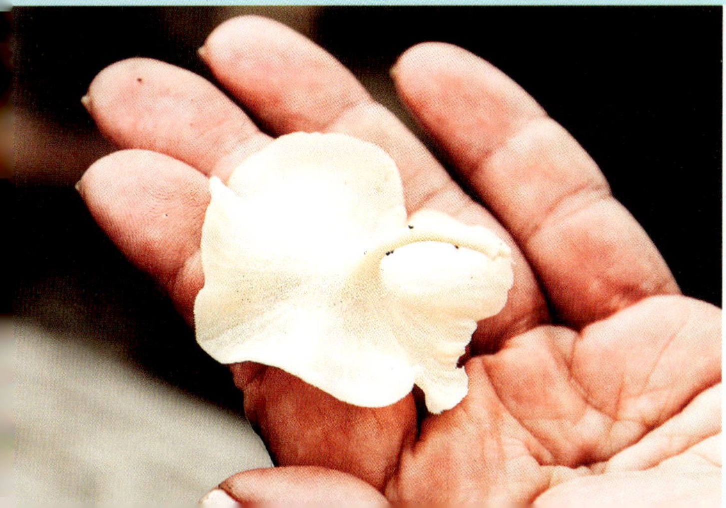

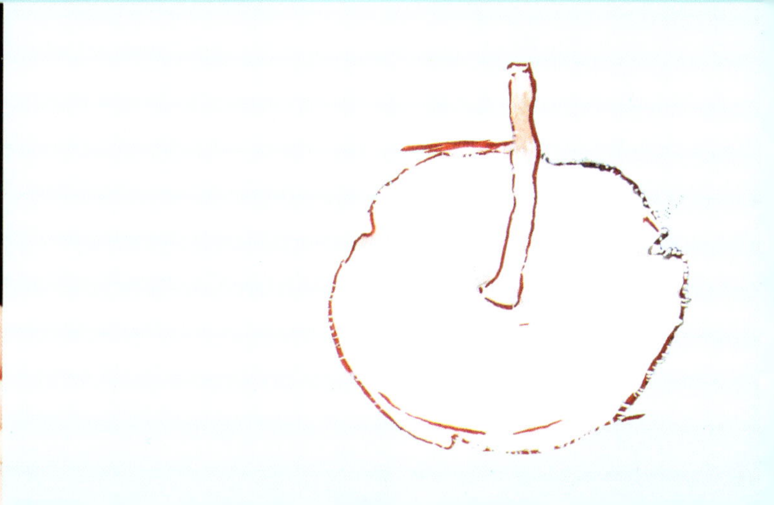

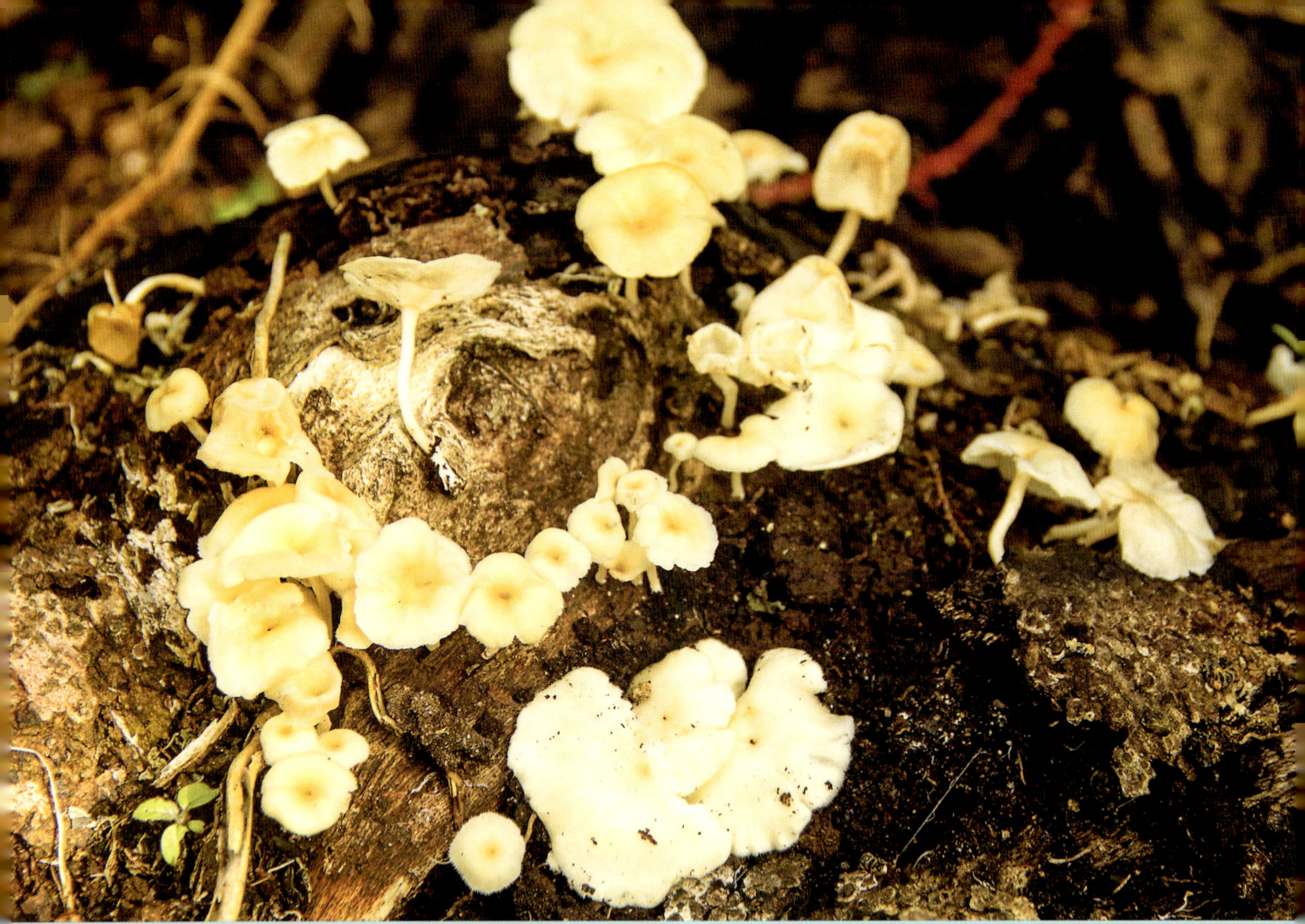
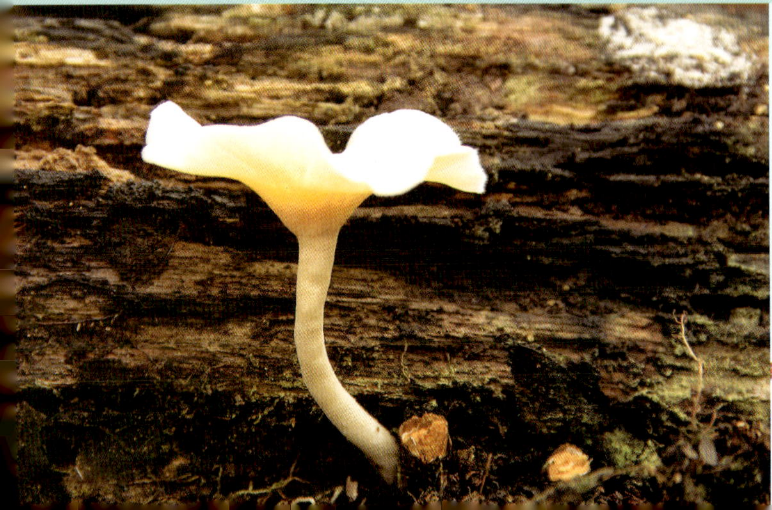
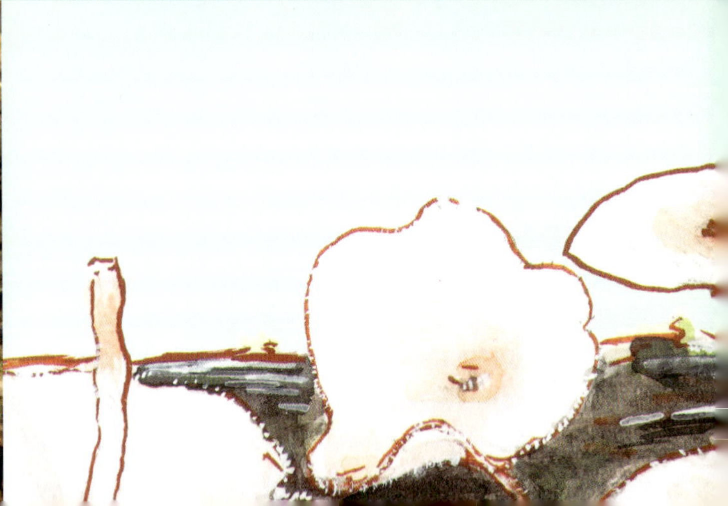

73

Naönaö amo
Lentinula raphanica (Murrill) Mata & R.H. Petersen

Wi naha tä kuo paha hi ana amopö huköa totioö?

Awai, hi naönaö amo kui, uli hamö amo kua. Hi ti häwä naha amo kua, hikali a kolo naha hi ti häwä naha hi naönaö amopö kupawö.

Onde esse cogumelo é encontrado?

Ele pode ser encontrado na floresta, em tocos de madeira podre, ou nas bordas das roças, nos tocos das árvores que foram derrubadas.

Wi naha hi ana amopö löpöma kua totioö?

Awai, hi naönaö amo kui ĩ wa amo talali salo, wa amo hukölönö, wa amo tupanö, mötati wa tä kemaki, amo löpösoöha, wa amo uköpalönö, ĩsã wa ãĩ ãketema husisikönö, wa amo puu pai‑palönö, pili wa amo oa salo, ĩsã ãĩ nö wa amo tiäö. Ĩ wa tu õtomö koa soataloö. Ĩ naha wa kuanö, wa pötöso wi ĩ tä kua.

Como esse cogumelo é preparado?

Pode ser cozido em água e temperado com sal. Depois de cozido, a panela é retirada do fogo e na água é misturada massa de beiju para fazer um caldo grosso.

75

76

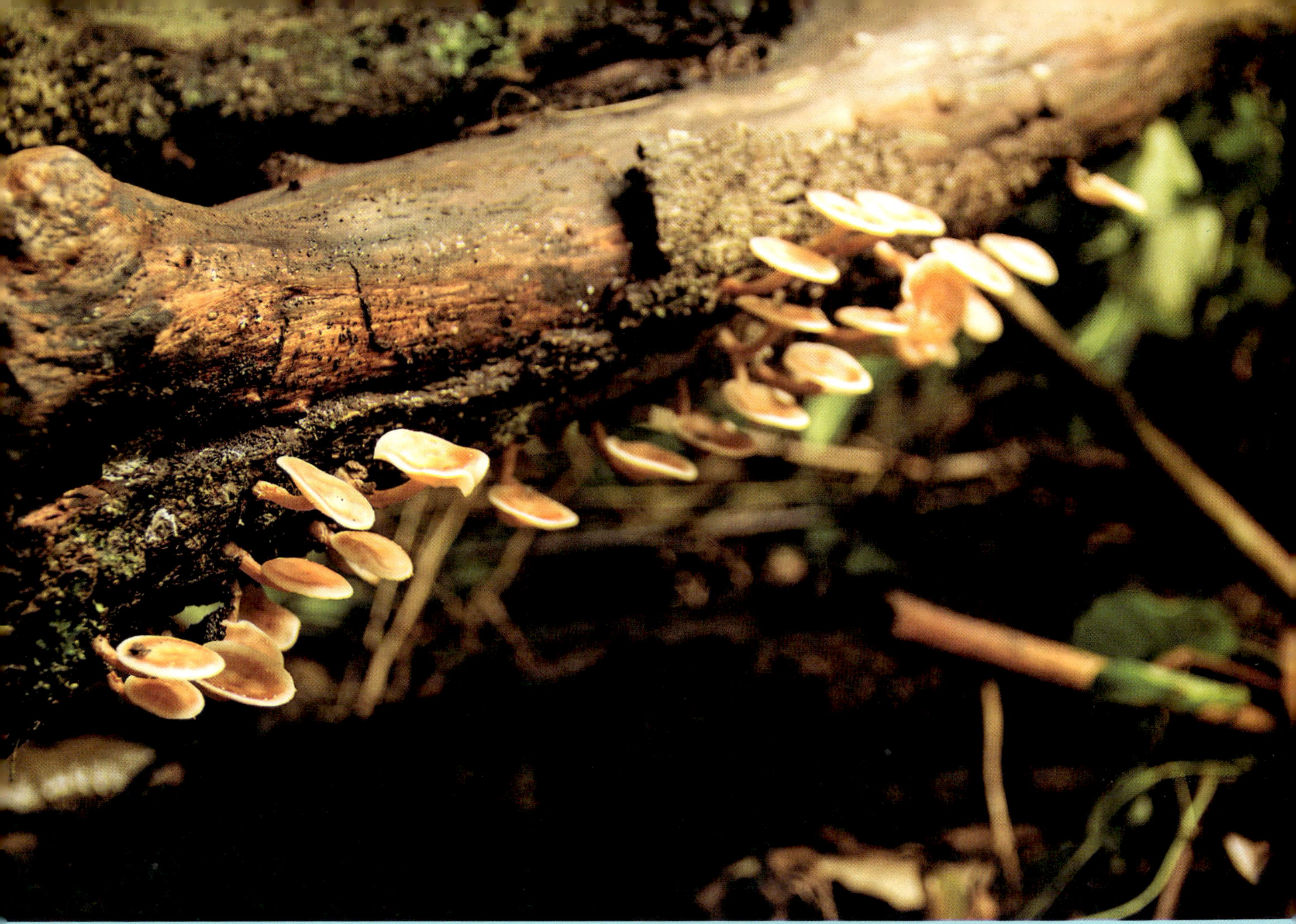

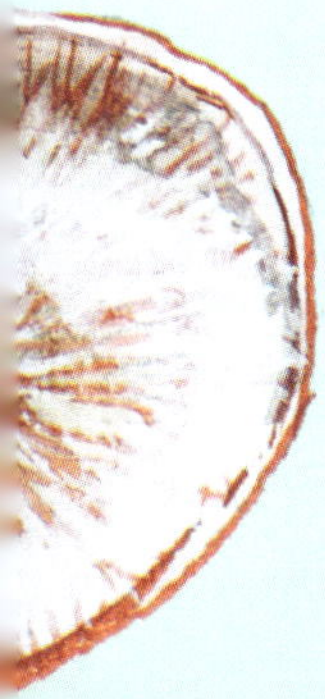

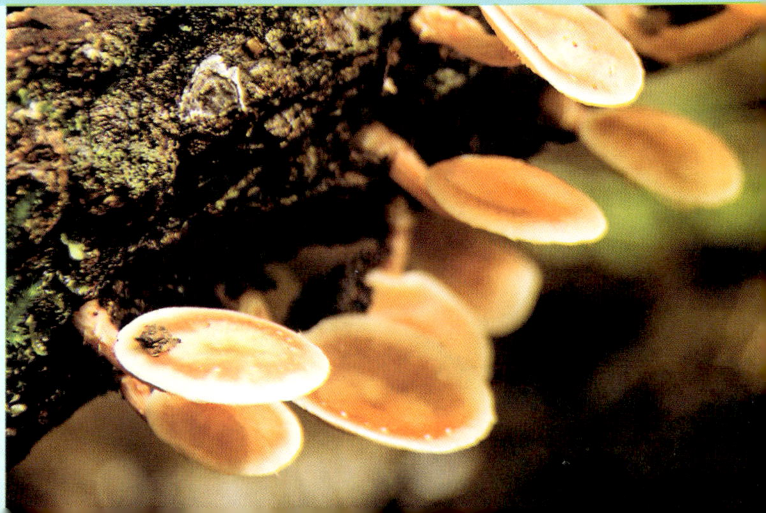

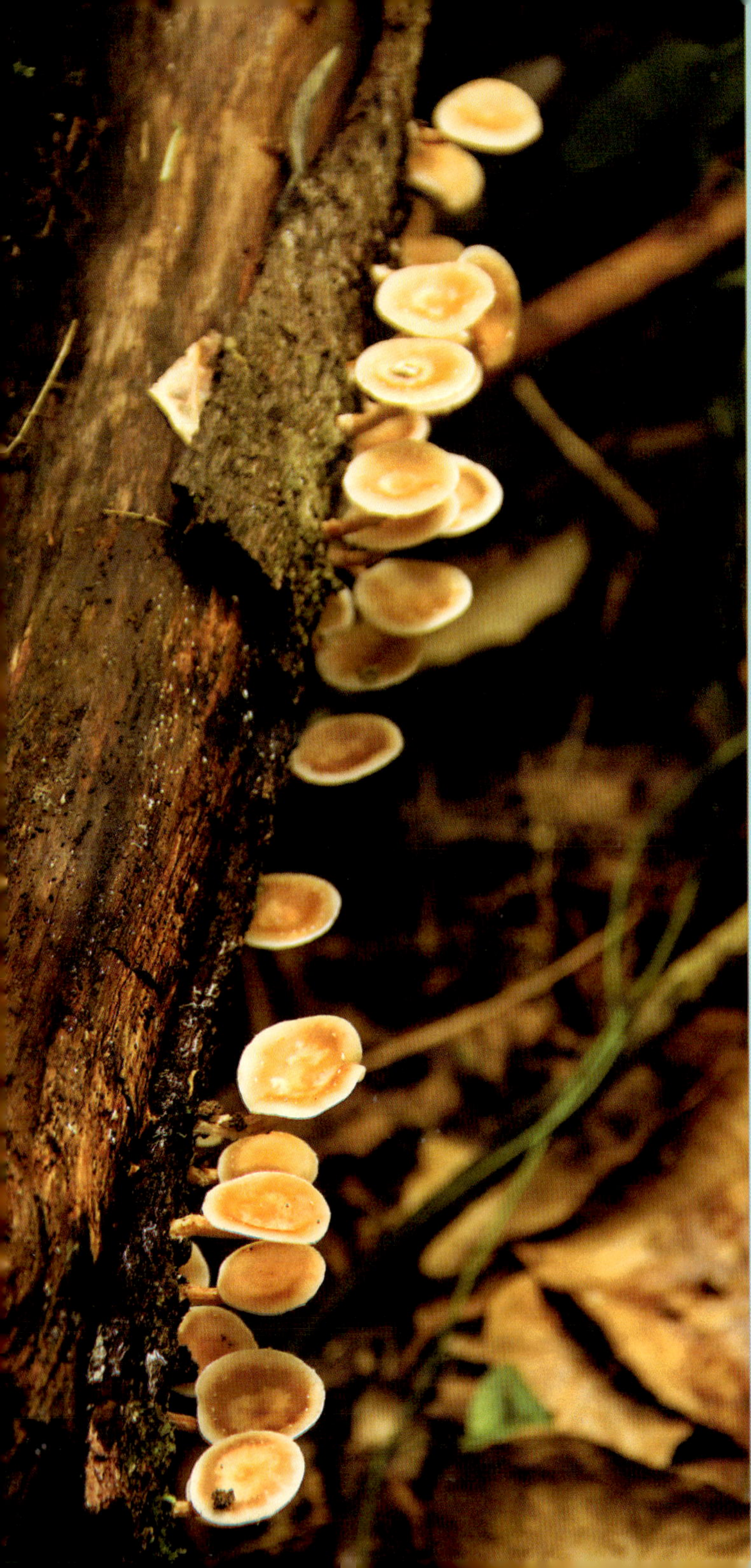

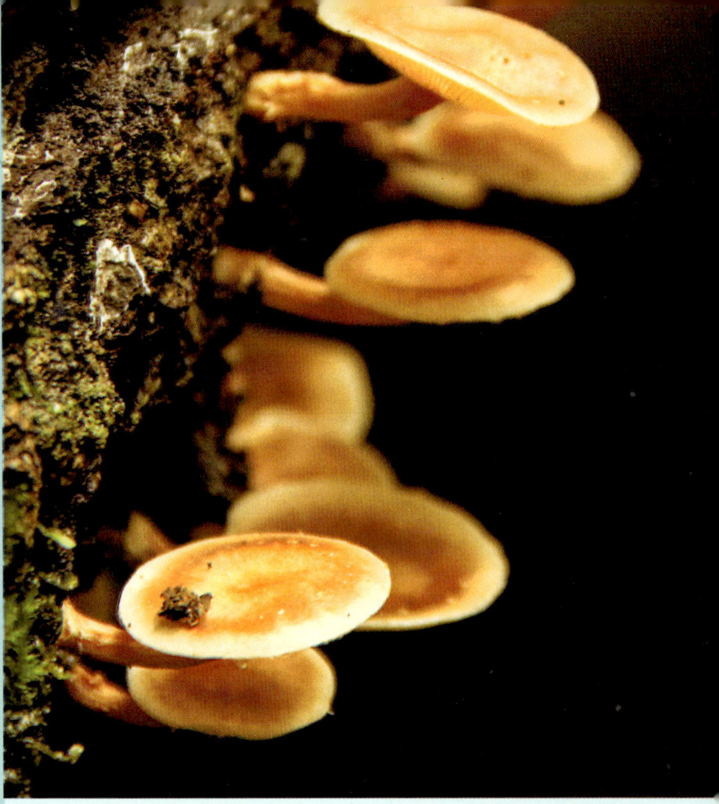

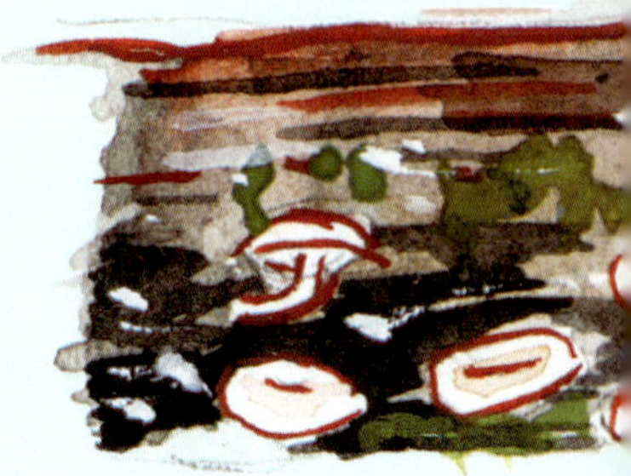

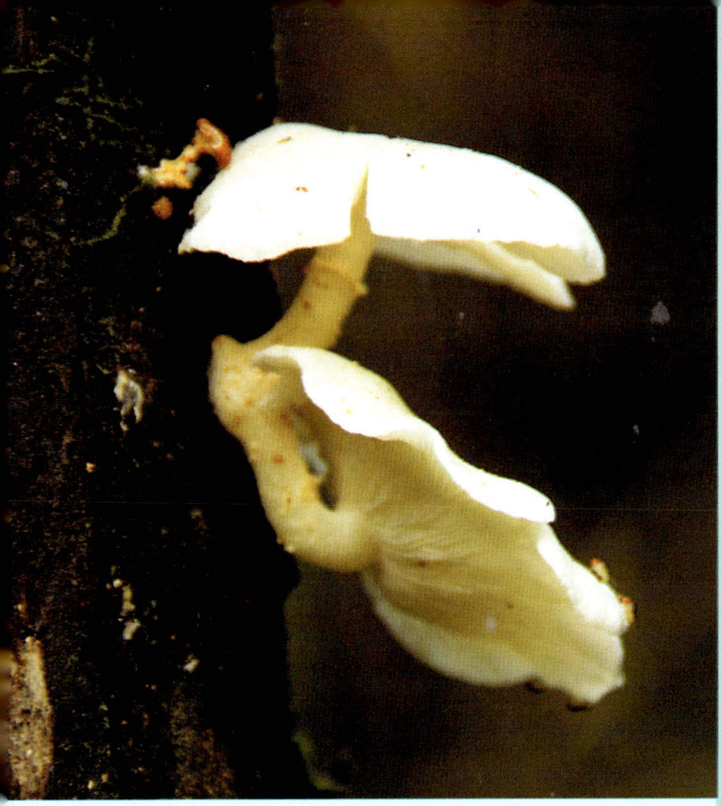

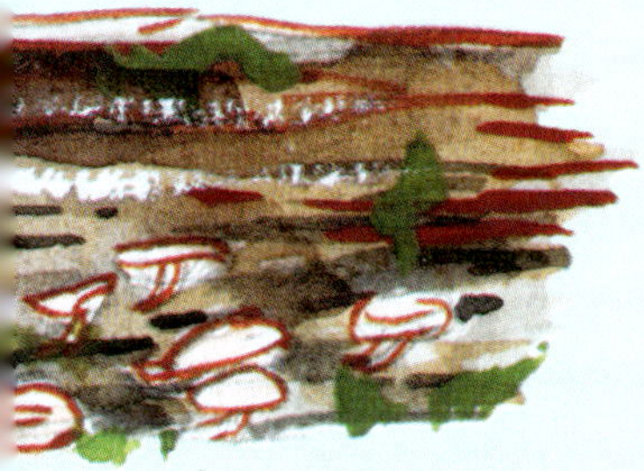

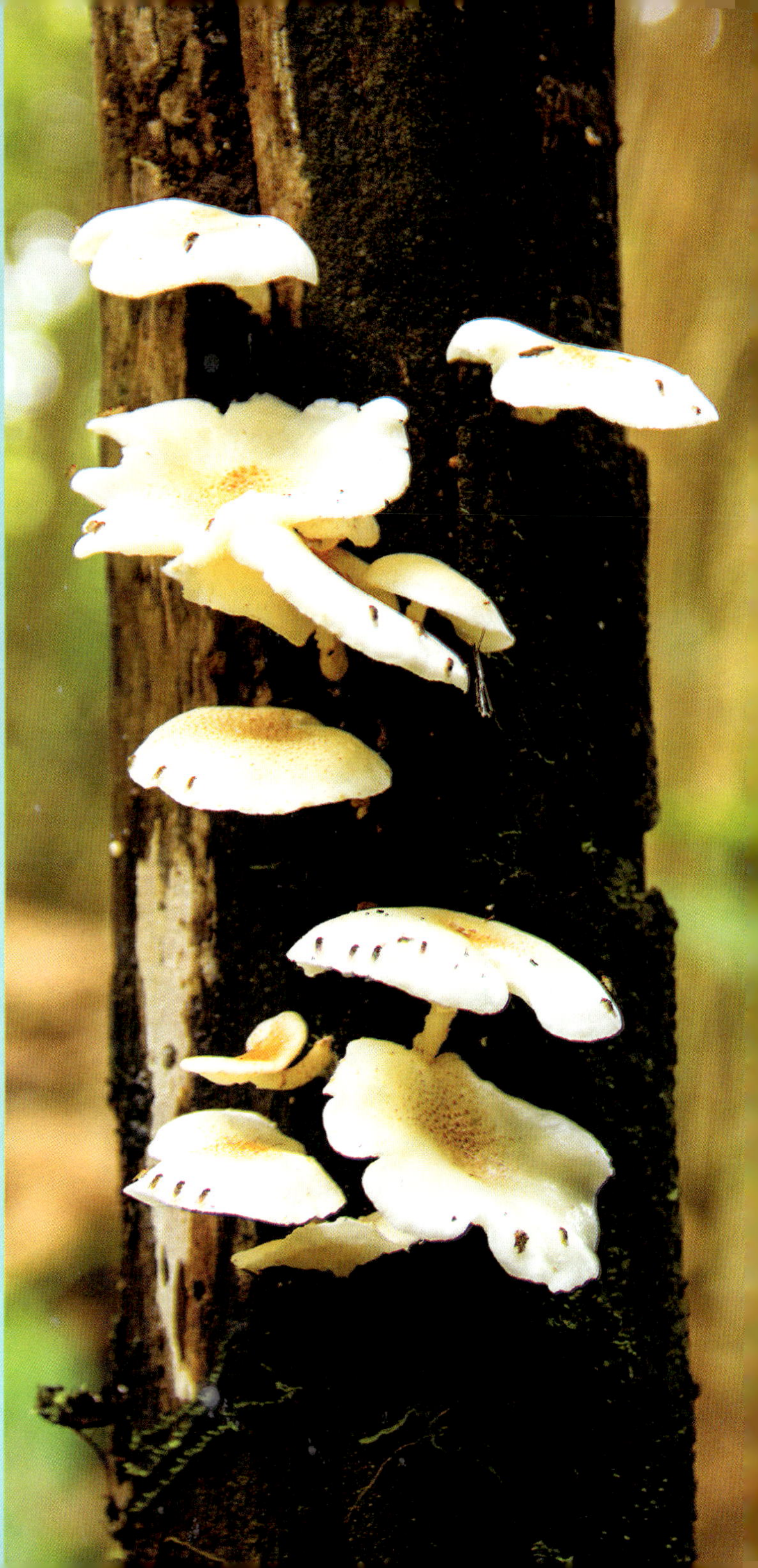

Ploplolemö amo
Lentinus concavus (Berk.) Corner

Wi naha tä kuo paha hi ana amopö huköa totioö?	**Onde esse cogumelo é encontrado?**
Ĩ tä uli pewö naha ploplolemö amo kua. Hikalino naha ploplolemö amo kua.	*Ploplolemö amo* é encontrado tanto nas florestas quanto nas capoeiras e roças.
Wi naha hi ana amopö löpöma kua totioö?	**Como esse cogumelo é preparado?**
Ploplolemö amo naha paki tä, mötati tä ĩ naha kui tökö keathamakönö, amo oa wi ĩ tä kua. Amo wani halo a pätalönö, amo halo wani löpösoöha, amo halo wani kusöpakönö, ĩsã ãĩ naha amo wani tiali wi ĩ tä kua.	Esse cogumelo é assado na brasa dentro de um embrulho feito de folhas. Depois de pronto ele é temperado com sal e pimenta. Ele é o único que não pode ser consumido sem estar bem cozido, pois poderá causar tontura e náusea.

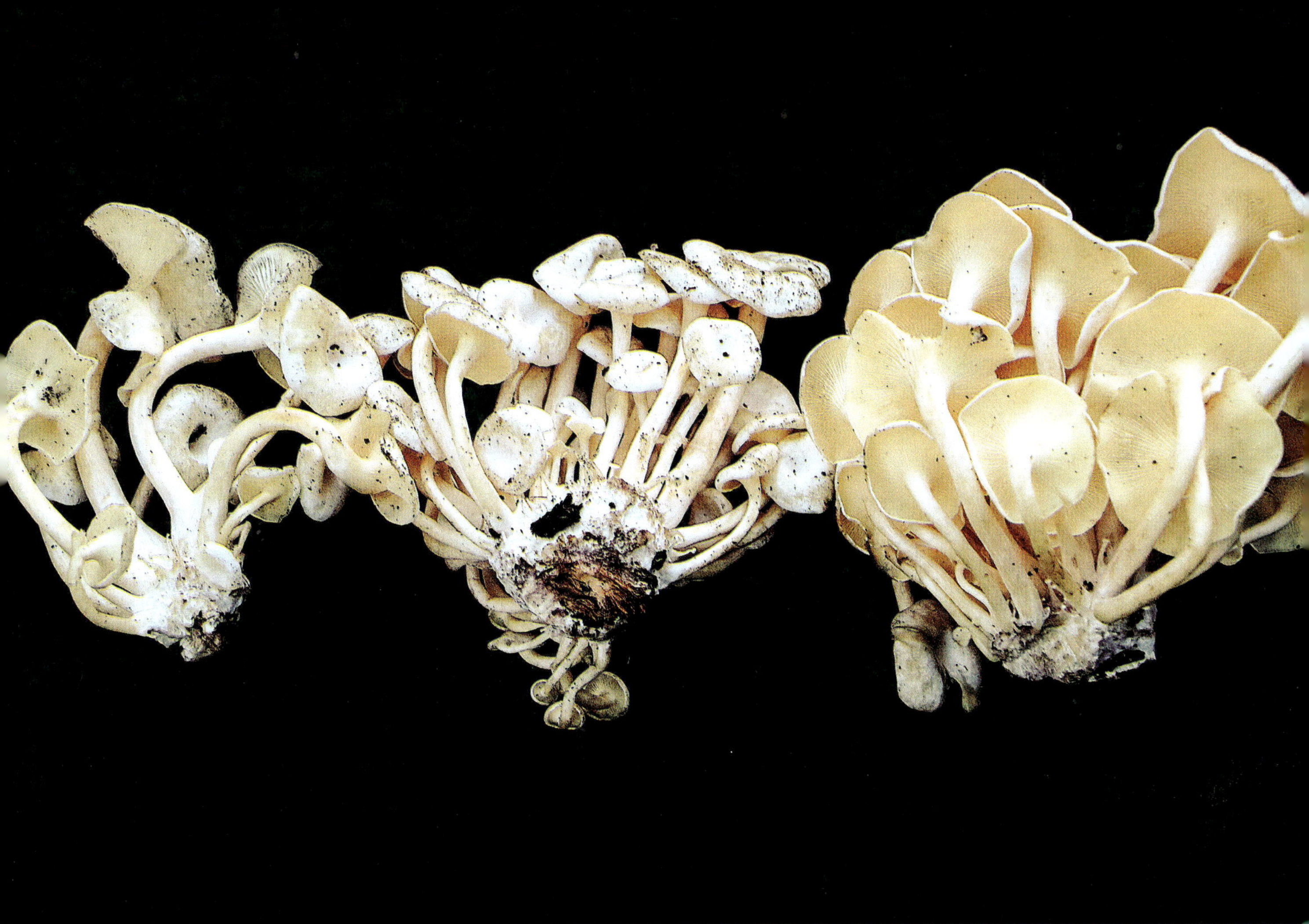

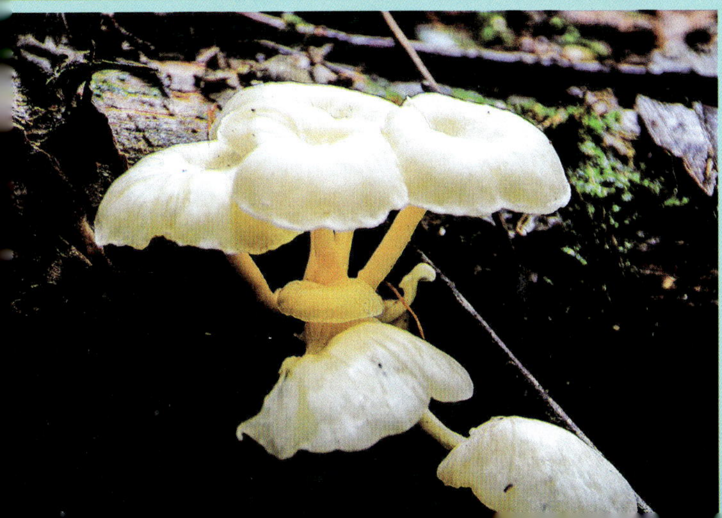

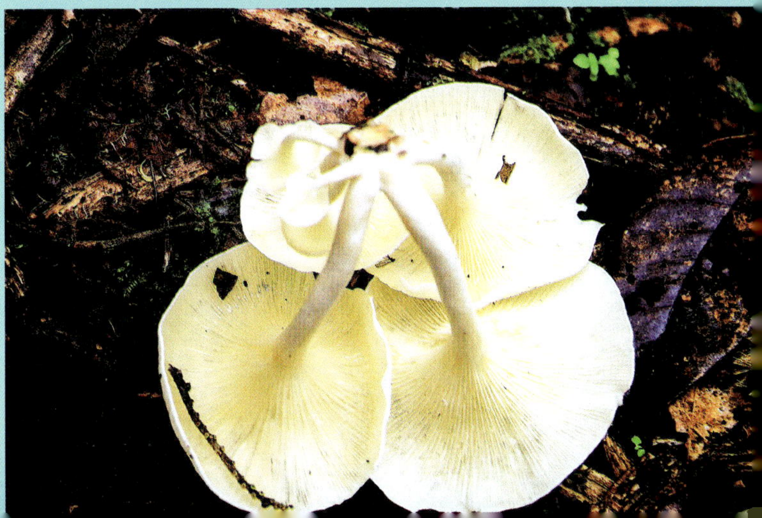

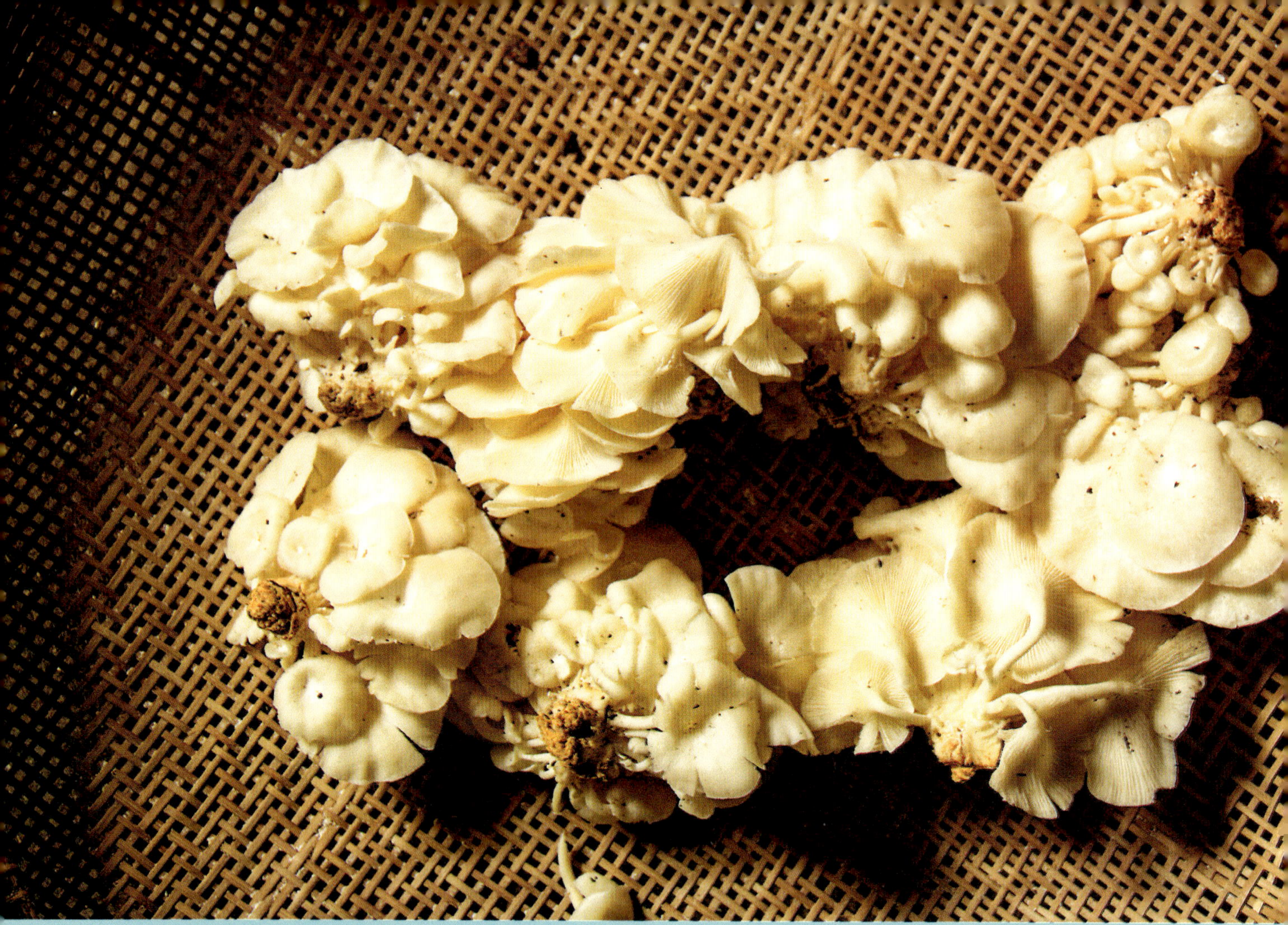
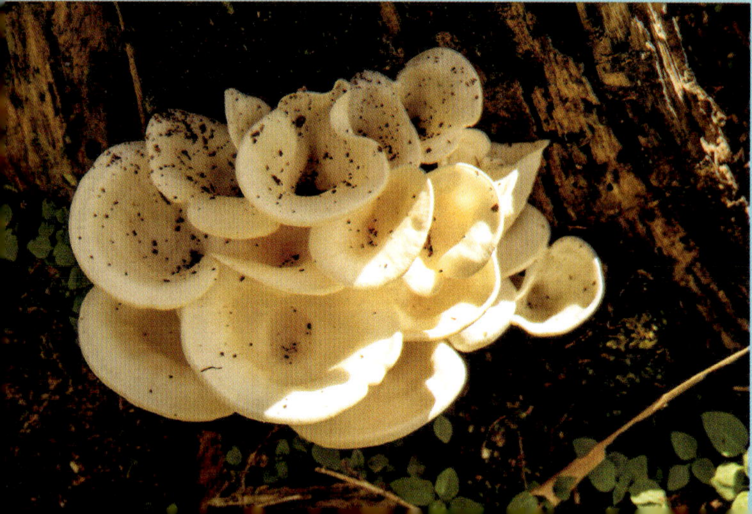
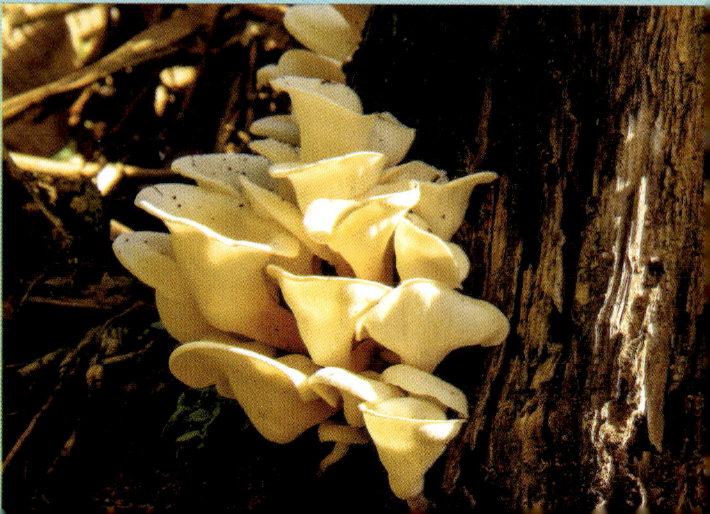

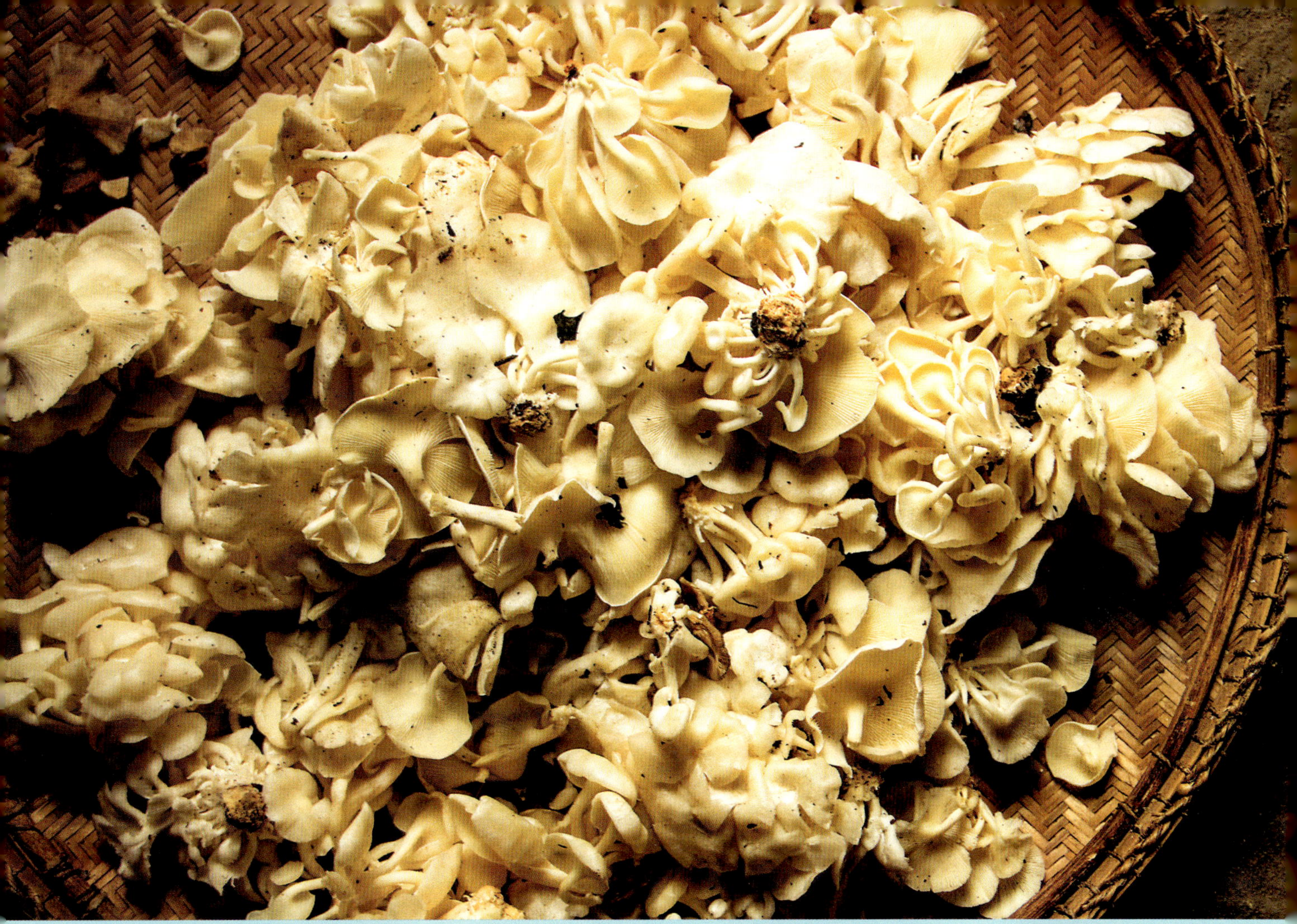

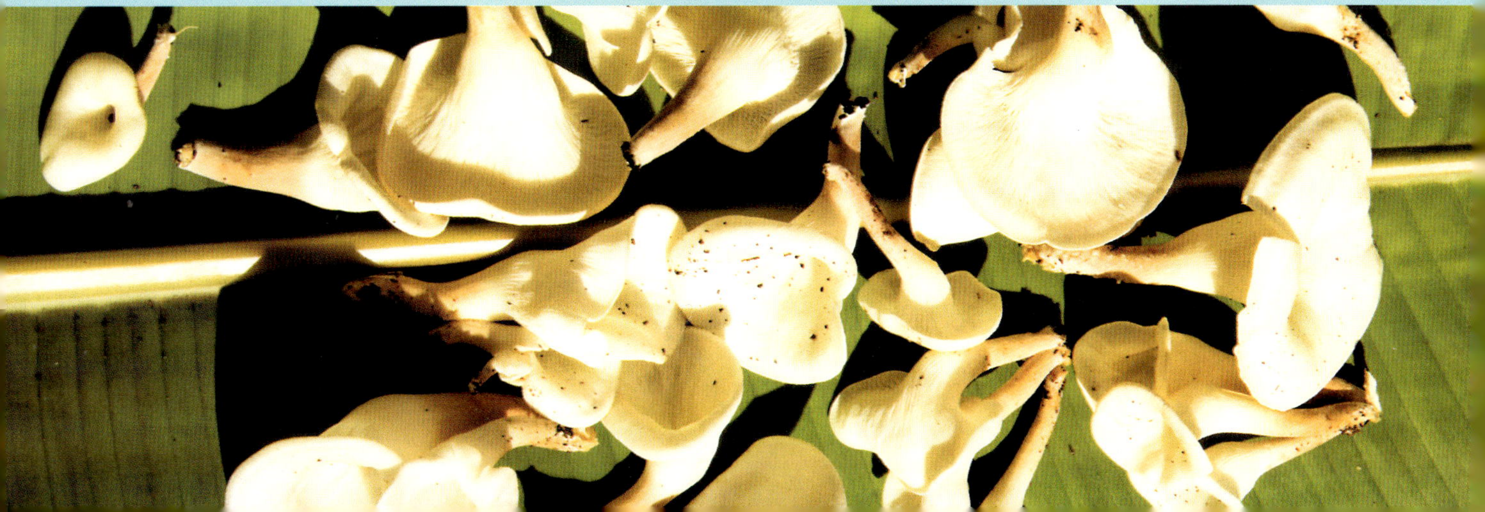

Sama amuku / Samasamani amo
Polyporus aquosus Henn.

Wi naha tä kuo paha hi ana amopö huköa totioö?	**Onde esse cogumelo é encontrado?**
Uli tä uli naha sama amuku kua. Ĩ naha hi sama amuku kupawö.	*Sama amuku* nasce mais frequentemente nas florestas, por isso é coletado principalmente pelos caçadores.
Wi naha hi ana amopö löpöma kua totioö?	**Como esse cogumelo é preparado?**
Uli hamö wa huu paha, sama amuku kua tähä, wa amo hukölönö, saa nakö naha wa amo haloa soatalönö, sai a naha wa waloa kokinö, koataka naha wa amo halo sakönö, amo halo löpösoö ha, wa amo halo kusöpakönö, ĩsã ãĩ, õkoma, ĩ naha kui tökö naha sama amuku tiali wi ĩ tä kua.	Ele pode ser assado na brasa, embrulhado em folhas. Depois de assado, ele é comido com banana verde assada e beiju.

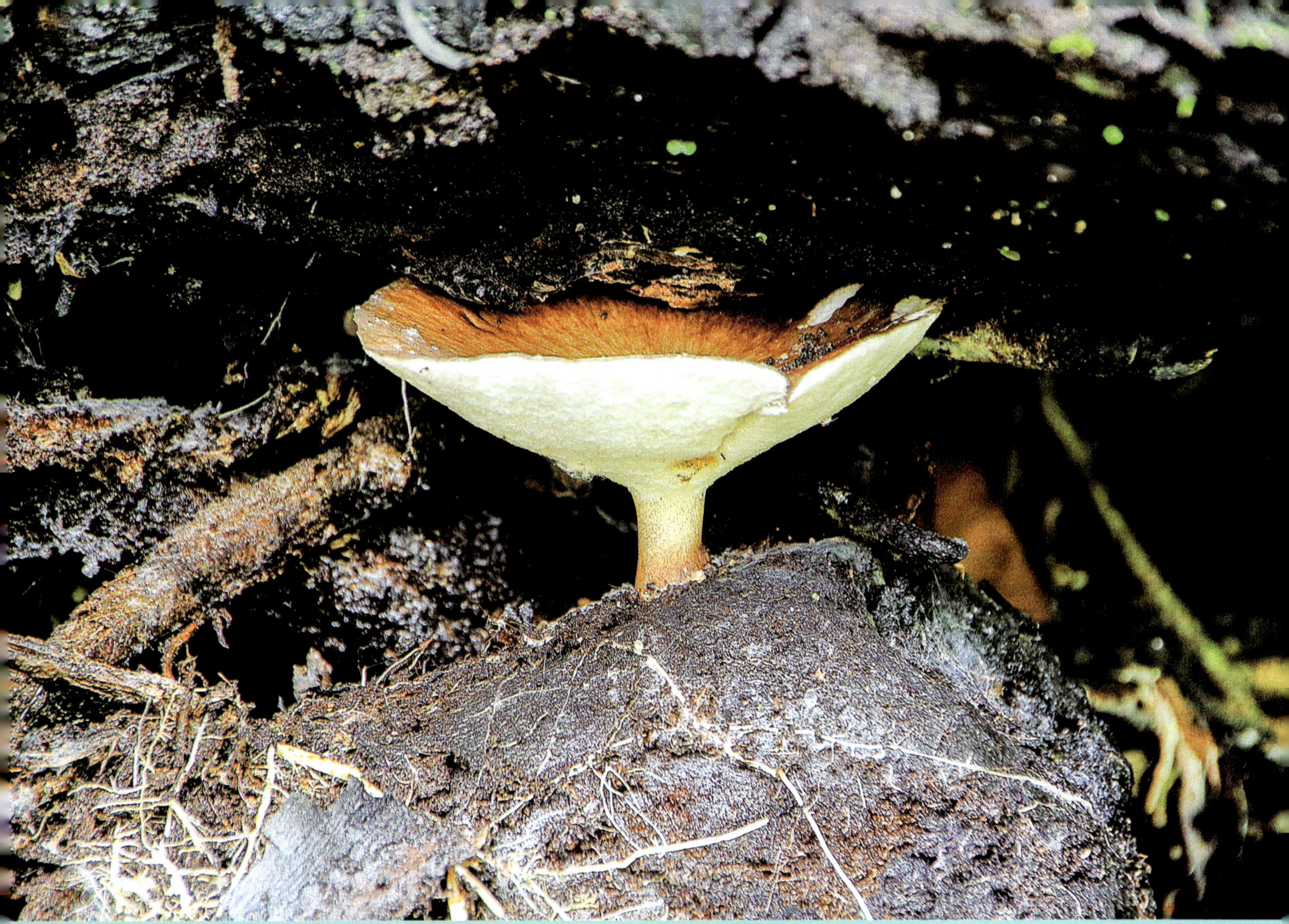
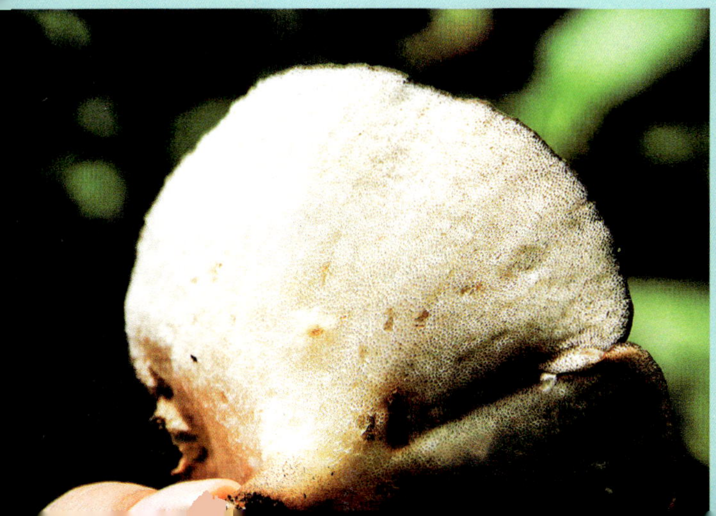
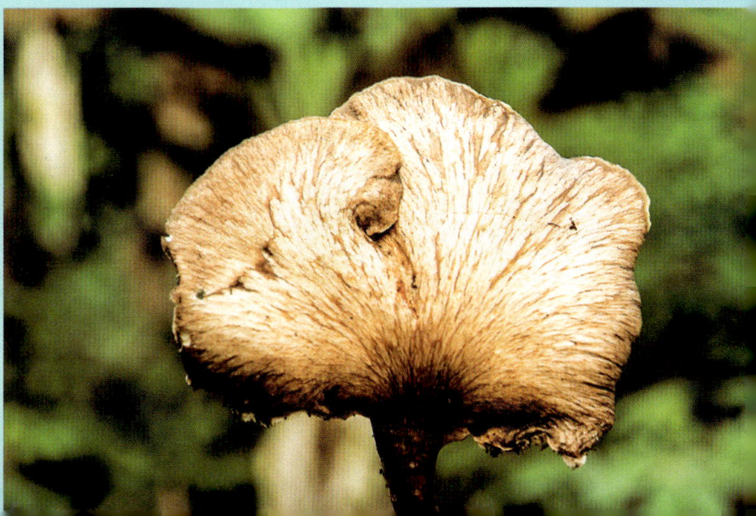

86

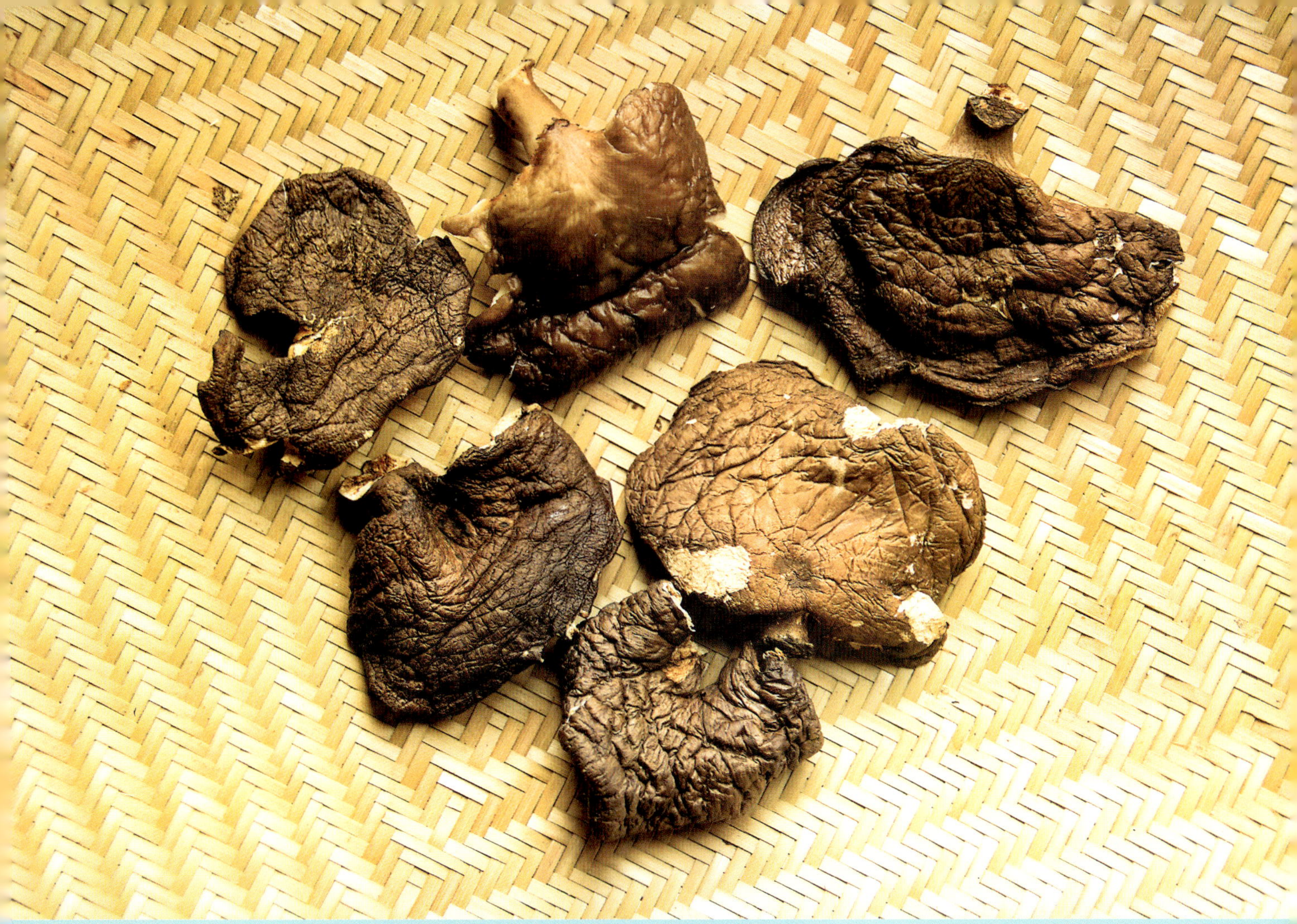
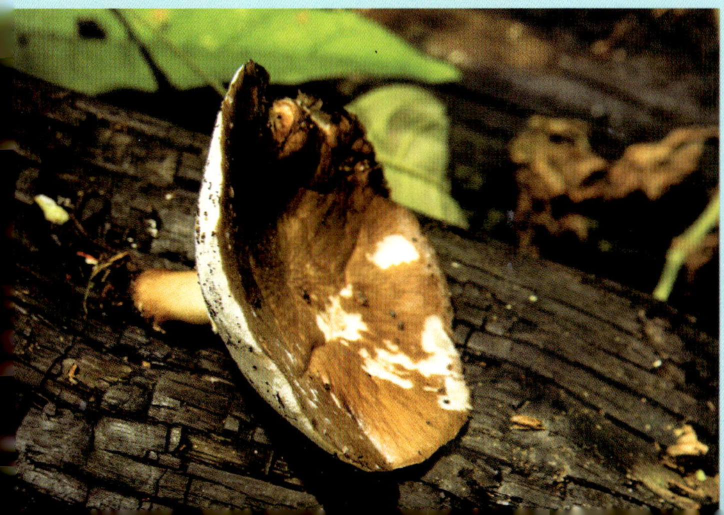
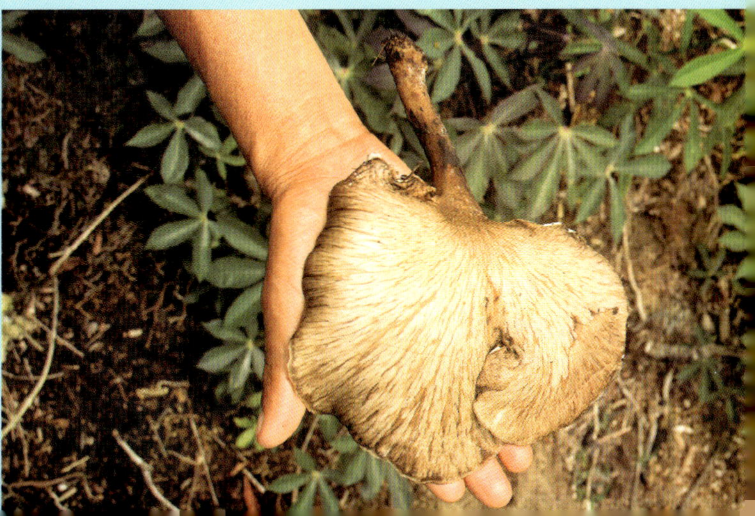

Sikimö amo / Olomai tili amo
Hydnopolyporus fimbriatus (Cooke) D. A. Reid

Wi naha tä kuo paha hi ana amopö huköa totioö?

Uli hamö wa huu tähä, hi ti kolo häwä naha sikimö amo kuo sinomoö. Hikali a naha sikimö amo kuo naioö. Uli hamö wa huu tähä, hi ti kolo häwä naha amo kua tähä, wa amo huköalalönö, saa nakö naha wa amo wani halopalönö, thoototonö wa amo halo õka toti palönö, wa amo halo sia soalölönö, sai a naha wa amo halo kai waloa kokölasoö.

Onde esse cogumelo é encontrado?

Ele é encontrado com maior frequência na floresta, em tocos de árvores mortas, e com menor frequência nas roças e capoeiras.

Wi naha hi ana amopö löpöma kua totioö?

Sikimö wa amo tukönö, mötati wa tä kea naia soa maki, paki wa tä kea naia soa maki, ai wa amo halo saapi topa tähä, saa nakö naha ai wa amo halopalönö, koataka naha ai wa amo halo sakönö, amo halo löpösoöha, õkoma naha wa amo tiaö, ĩsã ãĩ naha wa amo tiaö, pili wa amo puu õtomökönö wa amo puu koalali. Ĩ tä, nasi wa kõi koa naia soatalöma, wa pötö apösoö.

Como esse cogumelo é preparado?

Pode ser cozido em água com sal e pimenta ou assado na brasa, embrulhado em folhas. Uma possibilidade para os que forem cozidos em água é retirá-los depois de prontos e engrossar o caldo com massa de beiju, para beber.

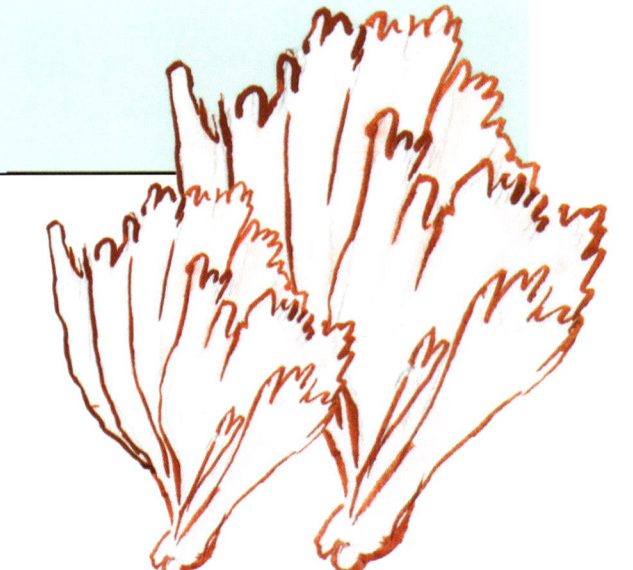

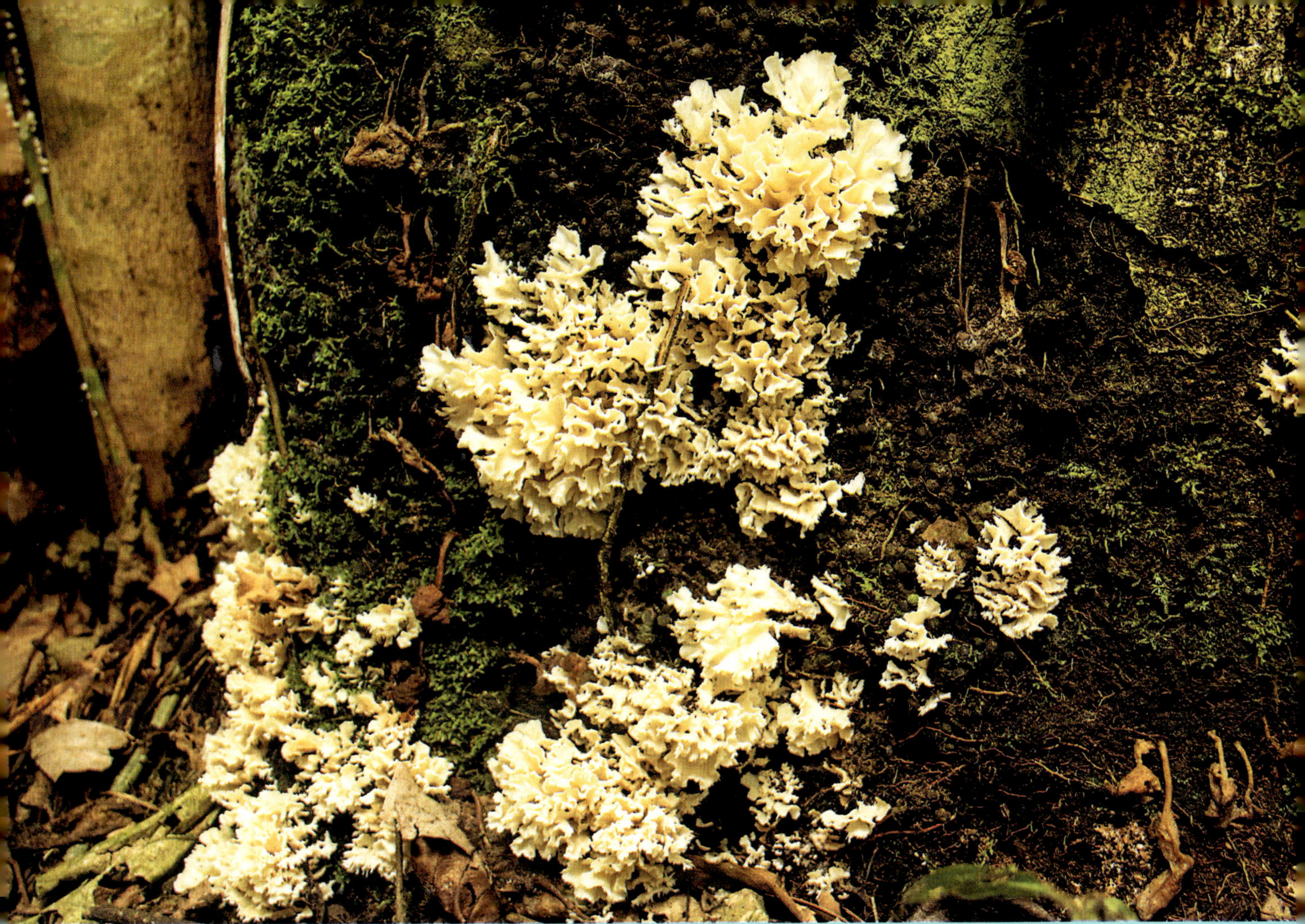
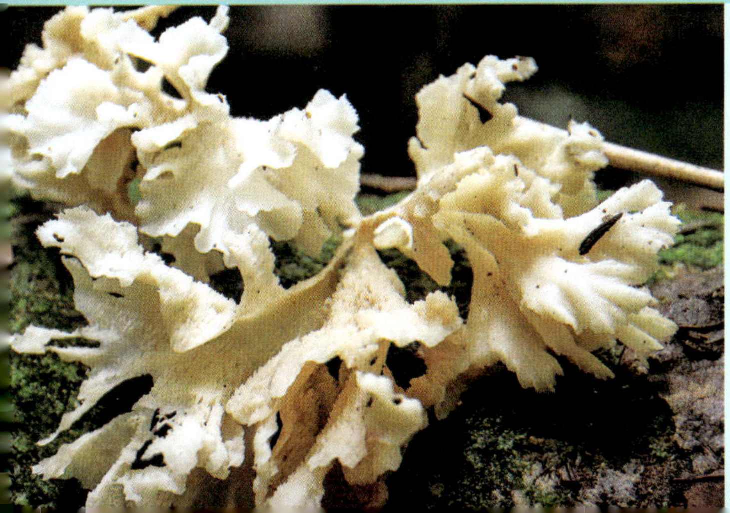
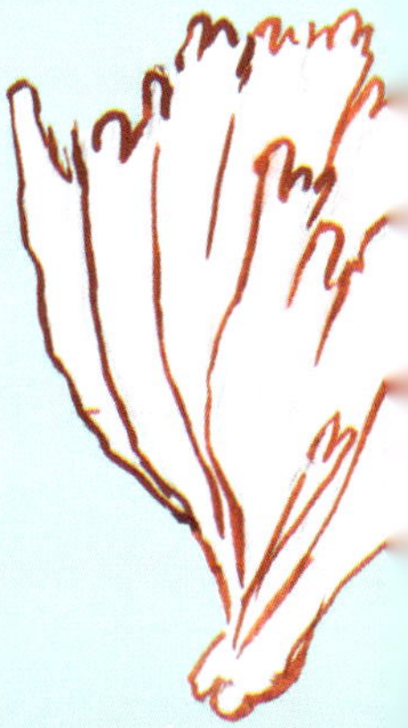

Sikimö amo / Olomai tili amo
Hydnopolyporus fimbriatus
(Cooke) D. A. Reid

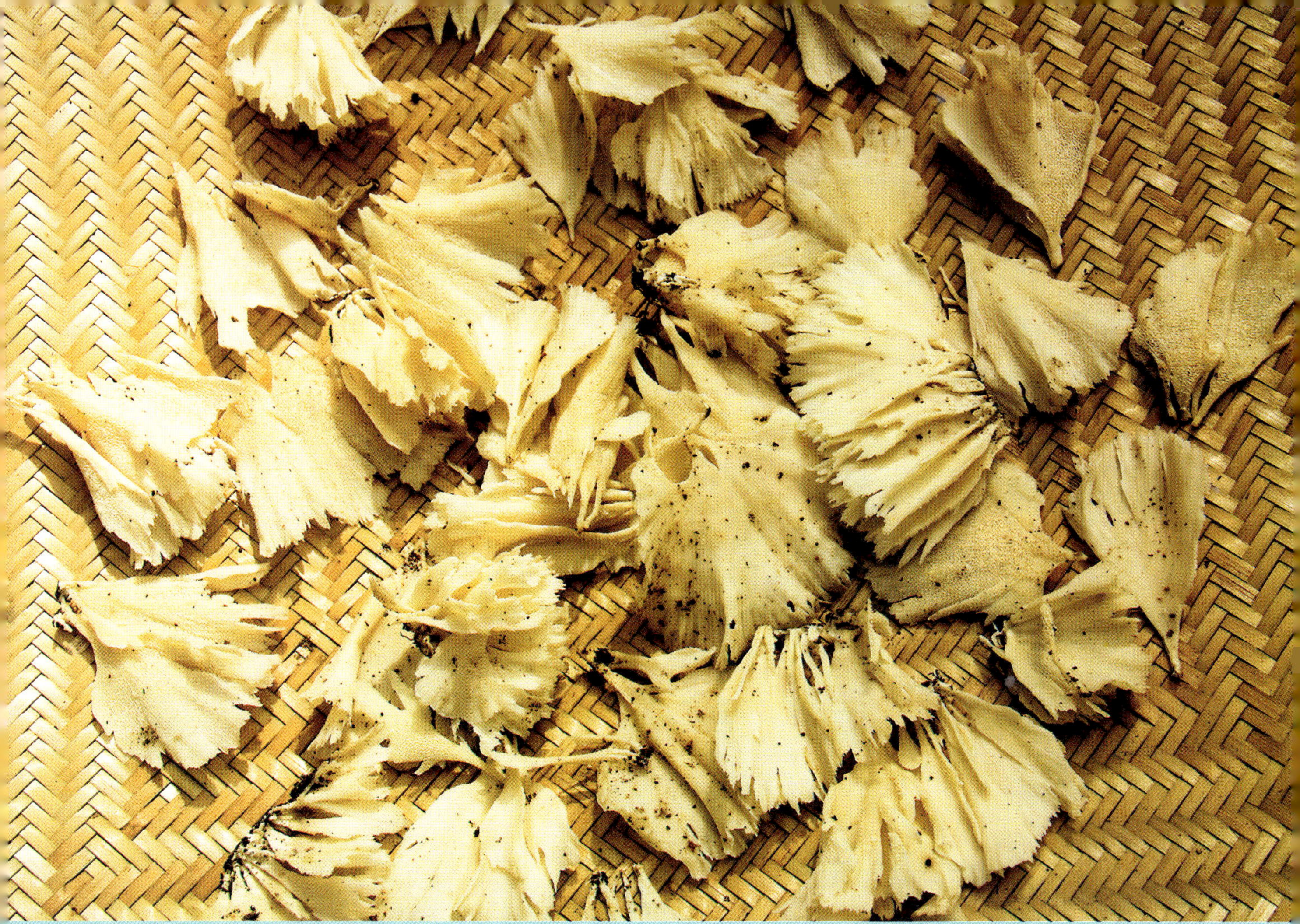
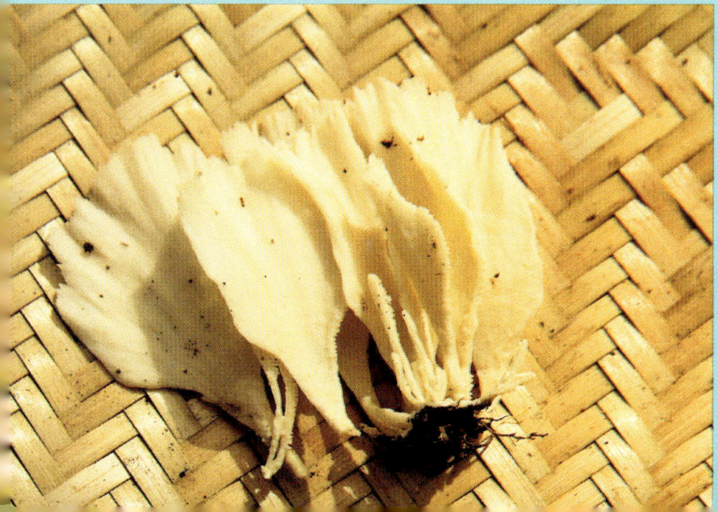
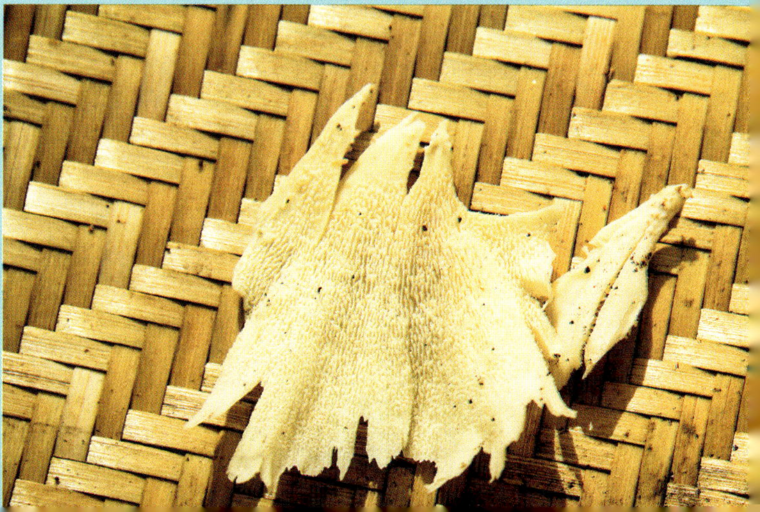

Siokoni amo
Panus neostrigosus, Panus strigellus, Panus velutinus, Lentinus bertieri, Lentinus crinitus

Wi naha tä kuo paha hi ana amopö huköa totioö?

Hikali a naha, hikalino naha, ĩ naha kui tökö naha siokoni amo kua sisaa. Uli tä uli naha hi siokoni amo kuami. Hikali a mötali naha siokoni amo kupa sisawö. Uli tä uli pewö naha siokoni amo kuami.

Onde esse cogumelo é encontrado?

Esse cogumelo é encontrado somente nas roças e capoeiras, ele não é encontrado na floresta. Ele é muito comum nos troncos de *tokoli* (*Cecropia* sp.).

Wi naha hi ana amopö löpöma kua totioö?

Au sai a naha wa amo kai waloa kokinö, wa amo halo sapanö, amo halo löpösoöha, wa amo halo kusöpakönö, ĩsã ãĩ naha wa amo tiali.

Como esse cogumelo é preparado?

Pode ser preparado embrulhado em folhas, assado na brasa. Depois de prontos, o embrulho é aberto e os cogumelos comidos com beiju.

93

94

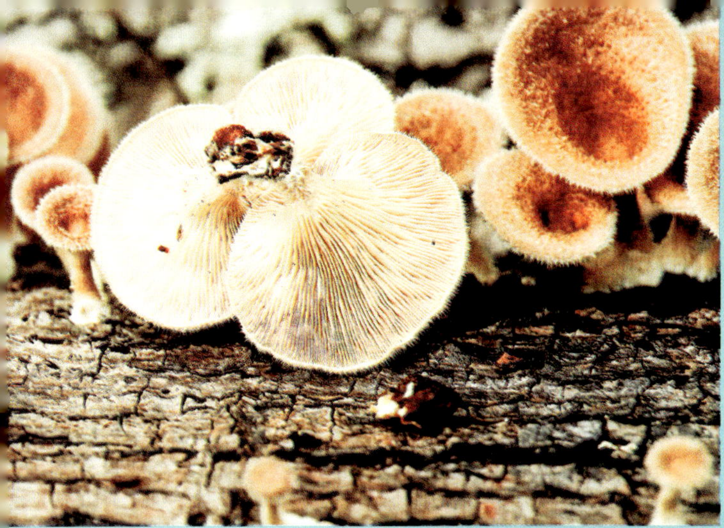

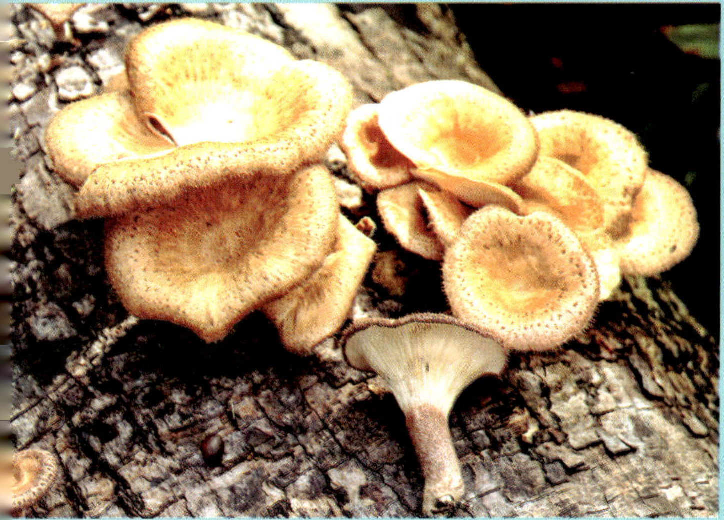

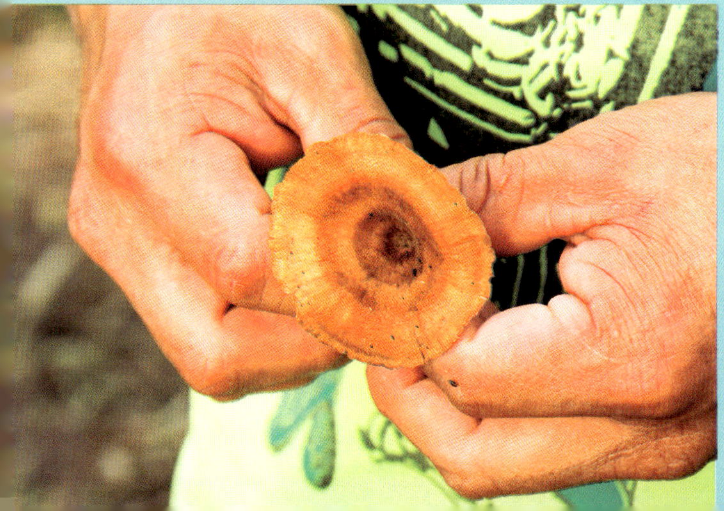

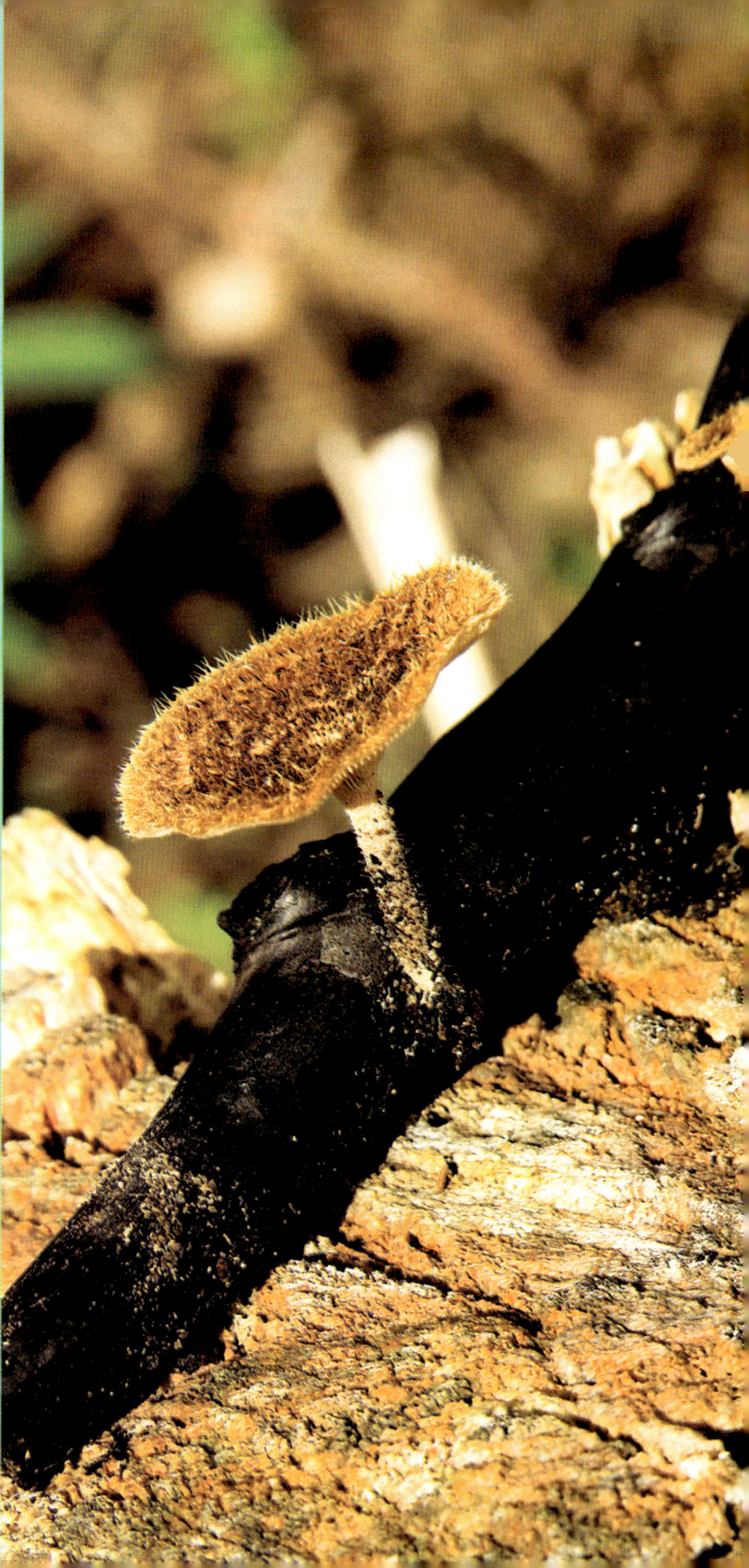

Waikasö amo
Favolus brasiliensis (Fr.) Fr.

Wi naha tä kuo paha hi ana amopö huköa totioö?

Uli hamö waikasö amo kuoö. Hikali a naha, hikalino naha, amo kuo naio soataö. Ĩ tä uli pewö hamö waikasö amo kupawö.

Onde esse cogumelo é encontrado?

Waikasö amo é encontrado nas roças, nas capoeiras e na floresta.

Wi naha hi ana amopö löpöma kua totioö?

Hapoka naha maa wa tu thakönö, wa amo tukönö, mötati tä, paki tä, ĩ naha wa tökö kea thaamaki, ĩ tä wa amo pi uköpalönö, ĩ tä wa amo puu õtomökönö, wa amo oaö. Ĩsã ãĩ, õkoma, ĩ naha kui tökö nö wa amo tiali. Ai wa amo halo saapi topa tä ai wa amo halo saki.

Como esse cogumelo é preparado?

Os cogumelos são colocados em uma panela com água, sal e pimenta. Quando estiverem cozidos, a panela é retirada do fogo e o caldo engrossado com a massa de beiju.

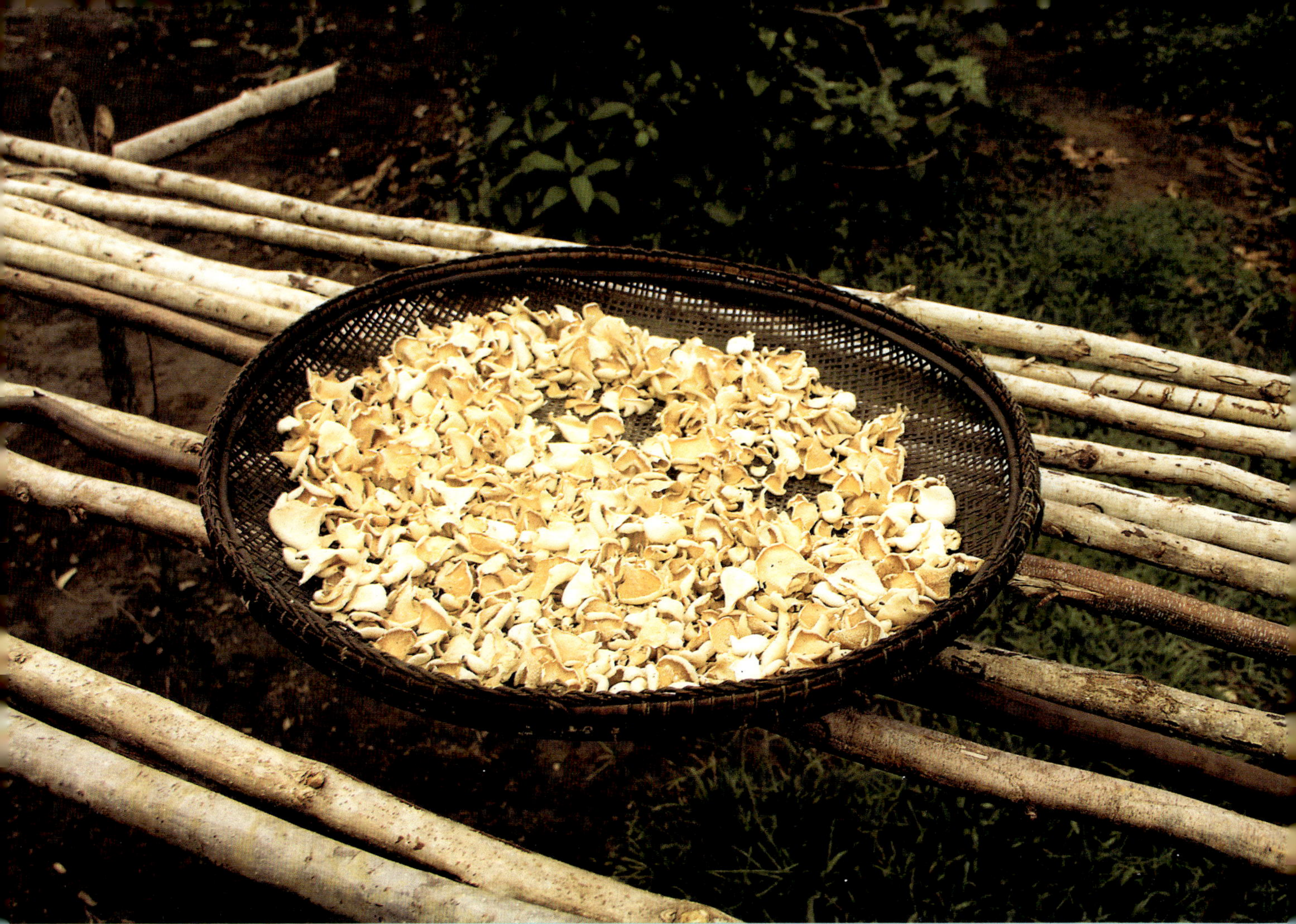
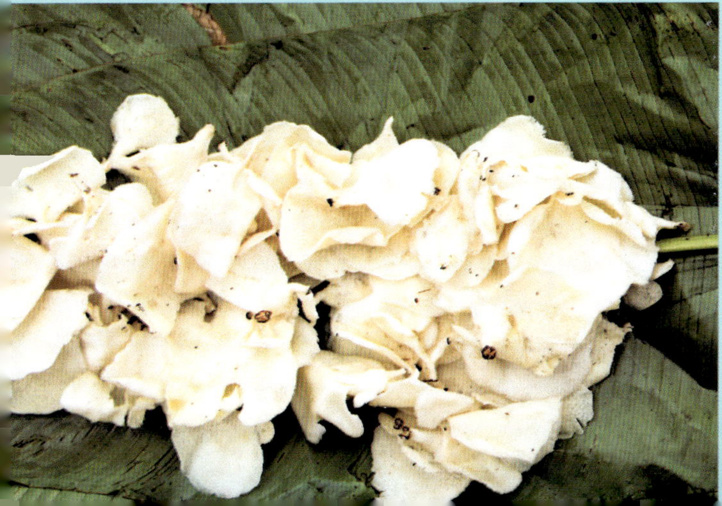
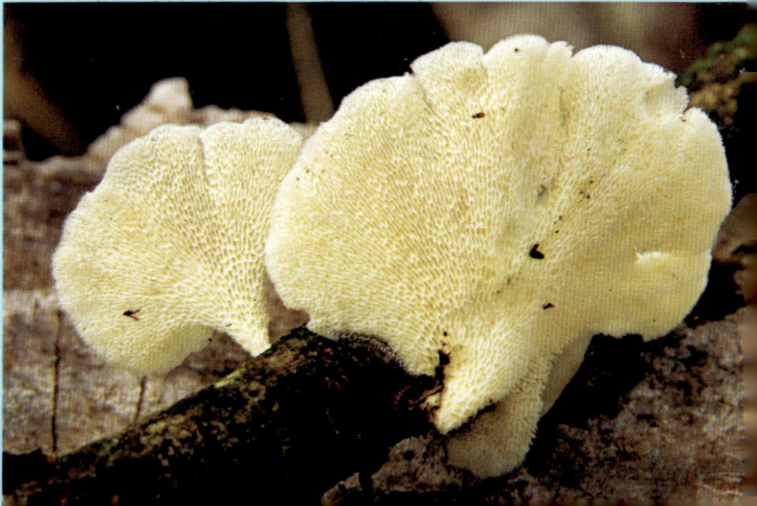

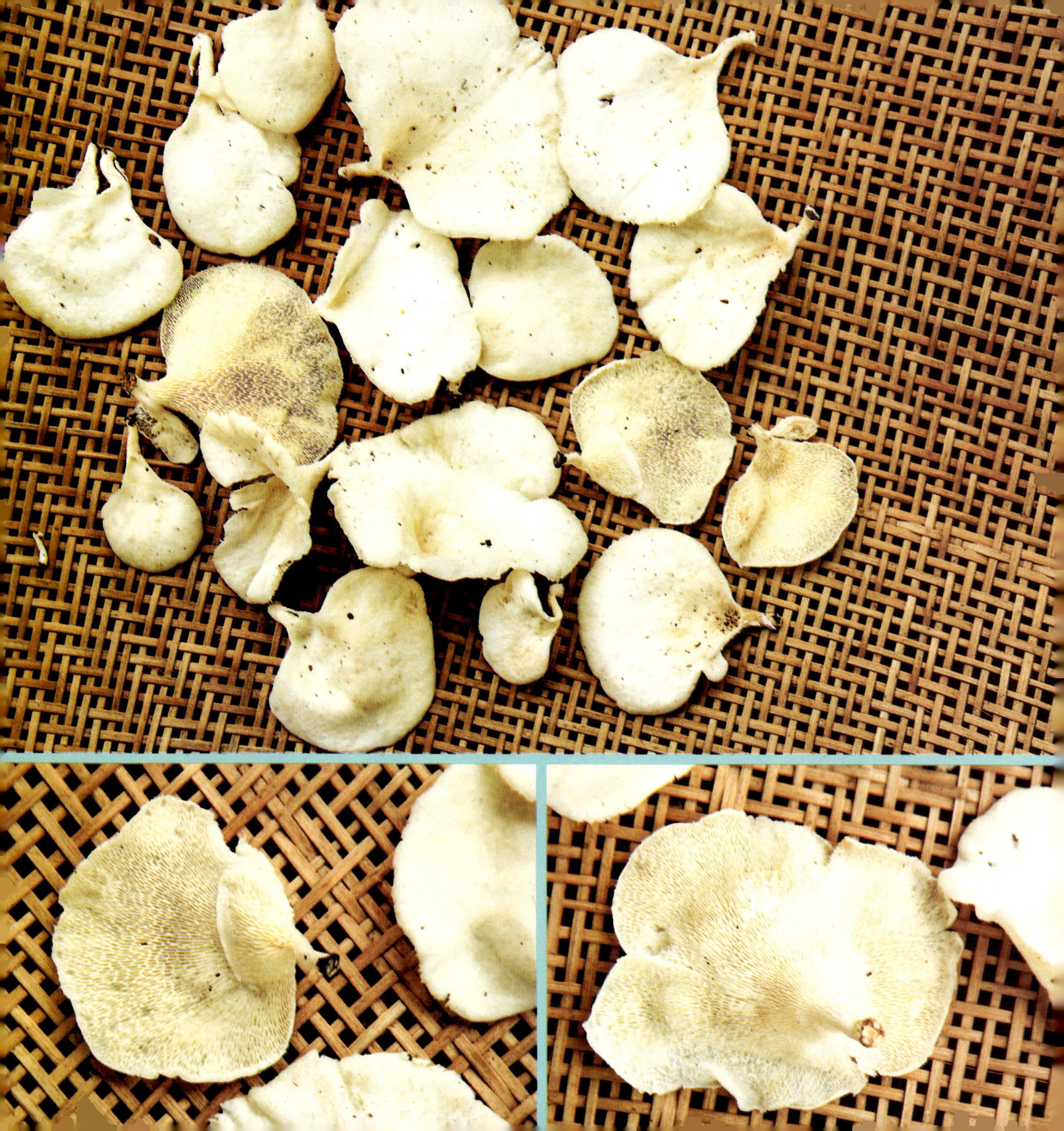

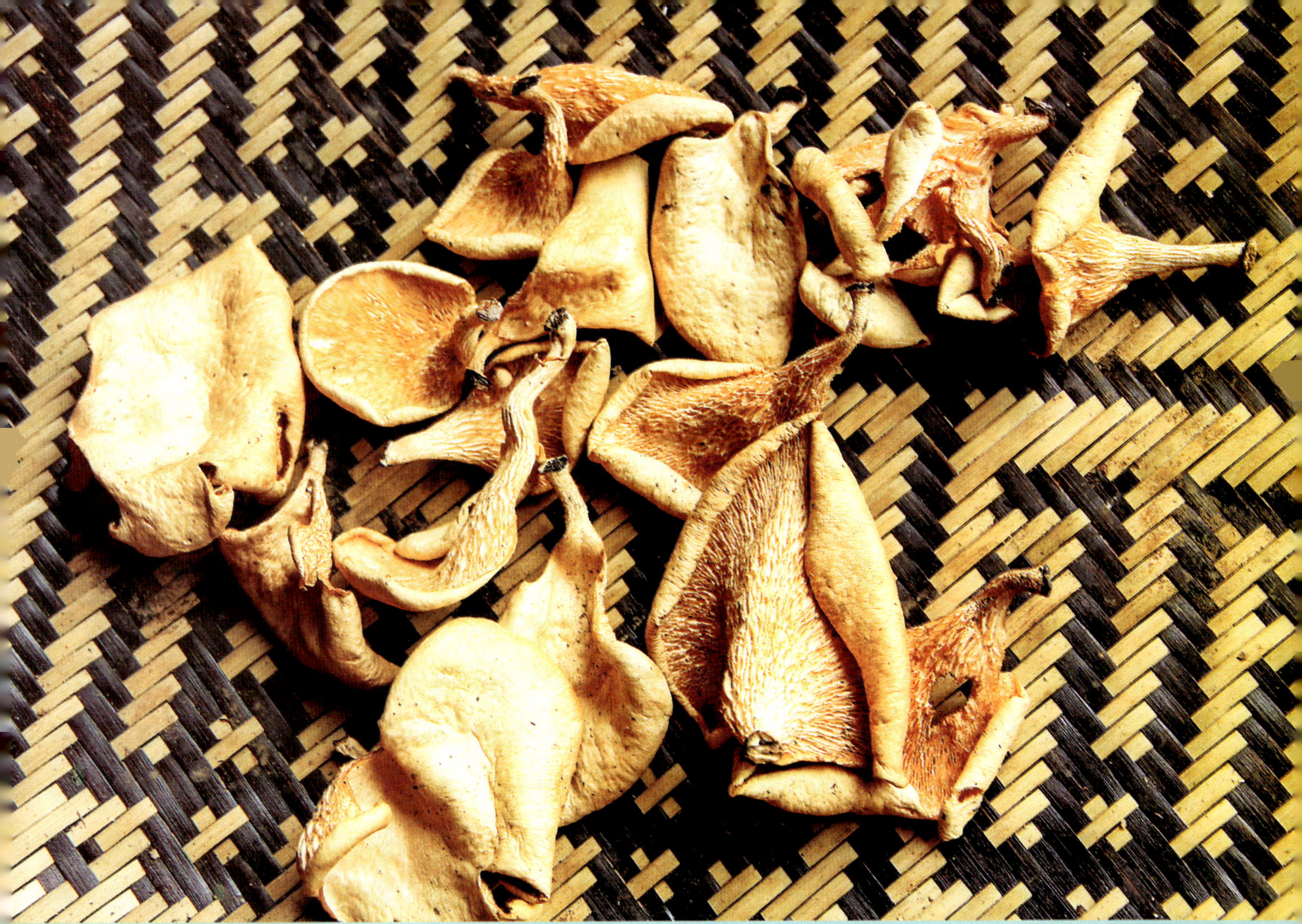
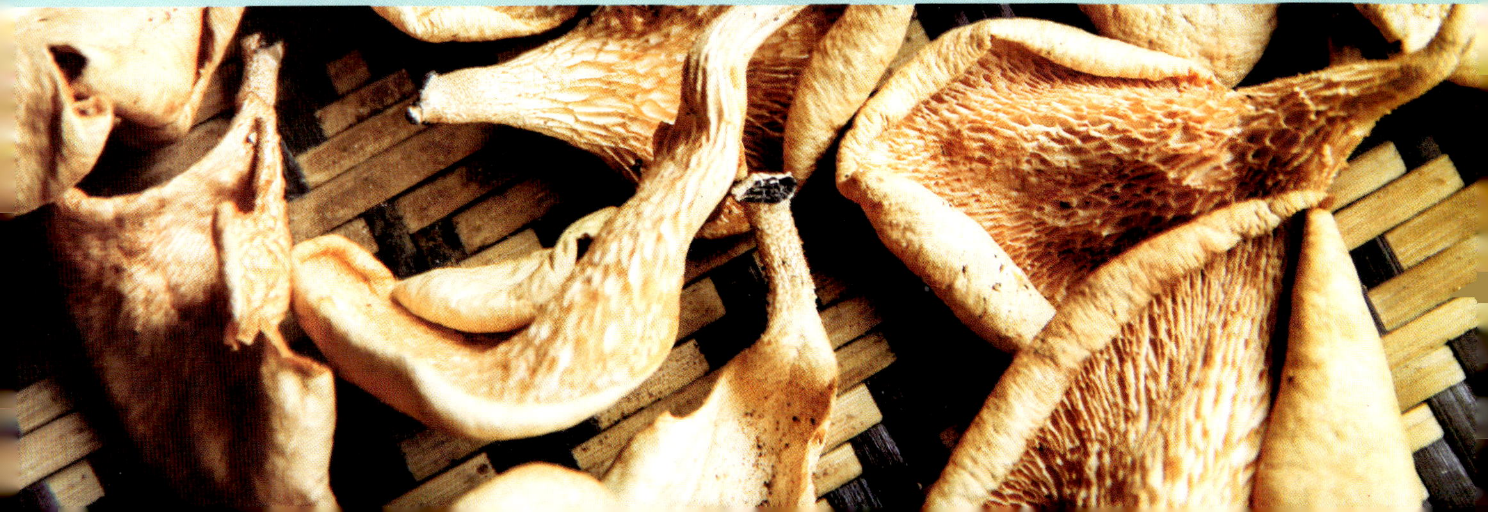

Índice de cogumelos e comparação com estudos anteriores

Este estudo Nome Sanöma	Tradução para o Português	Espécies envolvidas (nome científico)
1. Atapa amo[1]	–	*Polyporus philippinensis* Berk.[2]
2. Hami amo	Levemente picante	*Pleurotus albidus* (Berk.) Pegler[3]
3. Hasasömökali amo	Orelha de veado	*Polyporus* aff. *thailandensis* Sotome[5] (complexo *Polyporus tricholoma* – grupo I/III)
4. Hiwala amo	Porco-espinho	*Pleurotus djamor* (Rumph. ex. Fr.) Boedijn
5. Kotopo amo	Colo ou peito	*Polyporus tricholoma* Mont.[7]
6. Naönaö amo	Crocante ("croc-croc")	*Lentinula raphanica* (Murrill) Mata & R.H. Petersen
7. Ploplolemö amo	Cachos	*Lentinus concavus* (Berk.) Corner
8. Sama amuku, samasamani amo	Fígado de anta	*Polyporus aquosus* Henn.[8]
9. Sikimö amo, olomai tili amo	Pássaro - *Brotogeris chrysoptera* (Tuipara-de-asa-dourada)	*Hydnopolyporus fimbriatus* (Cooke) D. A. Reid
10. Siokoni amo	Ânus peludo	*Panus neostrigosus* Drechsler-Santos & Wartchow[12] *Panus strigellus* (Berk.) Overh. *Panus velutinus* (Fr.) Sacc. *Lentinus bertieri* (Fr.) Fr. *Lentinus crinitus* (L.) Fr.
11. Waikasö amo	Povo de pele branca	*Favolus brasiliensis* (Fr.) Fr.

Cogumelos não encontrados em campo

Estudos anteriores: Fidalgo e Prance (1976) e Prance (1984)	
Nome Sanöma	**Espécies envolvidas (nome científico)**
Adabamo	*Favolus brunneolus* Berk. & M.A. Curtis
Atapa-amo	*Favolus tessellatus* Mont.
	Hexagonia subcaperata Murrill
Hamimamo	*Lentinus* sp.
	Pleurotus sp.
Hamimamo-amwai	*Lactocollybia aequatorialis* Singer[4]
Hassamo[6]	*Polyporus* sp.
	Favolus striatulus Ellis & Everh
Hiwalamo	*Pleurotus* sp.
Corobamo (= codobamo, corobo-amo, coto-amo)	*Polyporus tricholoma* Mont.
Nai-nai-amo	*Lentinus glabratus* Mont.
Plo-plo-lemo-amo (= plo-plo-ke-amo, po-po-le-amo)	*Pleurotus concavus* (Berk.) Singer
Sama-sama-iamo[9]	*Polyporus aquosus* Henn.
Shi-kimo-amo	*Coriolus zonatus* (Nees) Quél.
Shi-kimo-amo-que[10]	*Hydnopolyporus palmatus* (Hook.) O. Fidalgo[11]
Shio-koni-amo (= shi-kema-amo-que)	*Panus rudis* Fr.
	Lentinus crinitus (L. ex Fr.) Fr.
	Lentinus velutinus Fr.
Coini-amo	*Lentinus crinitus* (L. ex Fr.) Fr.
Waikassamo	*Favolus brasiliensis* (Fr.) Fr.
Pida-pida-lhamo	*Gymnopilus hispidellus* Murrill
I-nishi-amo (= I-nishi-mi-amo)	*Pholiota bicolor* (Speg.) Singer

Índice de cogumelos e comparação com estudos anteriores

1. Fidalgo e Prance (1976) e Prance (1984) distinguiram dois diferentes nomes de cogumelos (Adabamo e Atapa-amo). Porém, considerando a grafia utilizada e a fonologia sanöma, é provável que esta seja uma distinção incorreta, pois os dois nomes são entendidos da mesma forma pelos Sanöma. No entanto, para a primeira grafia os autores atribuíram o nome científico de *Favolus brunneolus* e para a segunda grafia, com base nos mesmos materiais estudados, Fidalgo e Prance (1976) atribuíram o nome *Hexagona subcaperata* e posteriormente Prance (1984) atribuiu o nome *Favolus tessellatus*. Para este trabalho vamos considerar que: I) Adabamo e Atapa-amo são o mesmo grupo de cogumelos identificado pelos Sanöma e será grafado como Atapa amo; II) todos os cogumelos estudados na amostragem para a realização dos estudos taxonômicos atuais representam uma única espécie científica: *Polyporus philippinensis*.

2. *Polyporus philippinensis* é uma espécie descrita com base em material coletado nas Filipinas e que possui registros prévios de distribuição para outros países da região tropical e subtropical, incluindo o Brasil. De acordo com os estudos morfológicos e moleculares baseados na coleção identificada pelos Sanöma como Atapa amo, a espécie em questão pertence, na verdade, ao gênero *Favolus* Fr., como já apontado por Sotome et al. (2013). No entanto, por ora preferimos deixar este material sob o nome de *P. philippinensis* até que ajustes nomenclaturais sejam propostos, uma vez que o nome *Favolus philippinensis* Berk. está ocupado, e também até que estudos moleculares possam ser conduzidos para comparar os materiais asiáticos e neotropicais, confirmando assim a ampla distribuição desta espécie e sua posição junto ao gênero *Favolus*.

3. Material identificado somente por fotos; cogumelos não preservados para estudos micromorfológicos ou moleculares.

4. Fidalgo e Prance (1976) e Prance (1984) consideraram o nome Hamimamo-amwai para os cogumelos identificados como *Lactocollybia aequatorialis*. No presente estudo, todos os cogumelos estudados sob o nome de Hami amo representam, possivelmente, a espécie *Pleurotus albidus*. Porém, de acordo com o material disponível no herbário INPA (INPA45375 = Prance, Fidalgo et al. 21414) e com a ilustração fornecida em Fidalgo e Prance (1976), possivelmente o material por eles referido como Hamimamo-amwai realmente represente uma espécie diferente da amostrada no estudo atual.

5. De acordo com os estudos morfológicos, o material nomeado pelos Sanöma como Hasasömokali amo condiz com a descrição de *Polyporus thailandensis*, uma espécie recentemente descrita para a Tailândia e pertencente ao complexo *Polyporus tricholoma*. No entanto, com base nos estudos moleculares foi possível concluir que o nosso material difere de *P. thailandensis* e está posicionado junto ao grupo I/III do complexo *P. tricholoma*, como definido por Krüger et al. (2004), apesar de ter caracteres morfológicos diferentes daqueles usualmente atribuídos à *P. tricholoma*, em especial com relação ao tamanho dos poros da superfície himenial.

6. É considerada a hipótese de que o cogumelo Hassamo seja hoje chamado pelos Sanöma de Hasasömökali amo, pois a tradução do primeiro nome é "cogumelo do veado" e a do segundo, "cogumelo orelha de veado".

7. Apesar de *Polyporus tricholoma* ter sido recentemente combinado no gênero *Lentinus* por Zmitrovich (2010), por ora nós preferimos manter a identificação do nosso material sob o nome de *Polyporus* dada à complexidade sistemática e nomenclatural ainda pendente para os táxons relacionados à este grupo (*Lentinus* Fr., *Polyporellus* P. Karst. e *Polyporus* P. Micheli ex Adans.)

8. *Polyporus aquosus* é uma espécie descrita com base em um material coletado no estado de São Paulo (Serra da Cantareira) e que recentemente foi combinado, sem justificativa evidente, em *Tyromyces* por Ryvarden (2014). Porém, a partir da revisão do material tipo de *P. aquosus*, Viviana Motato-Vásquez (IBt, comunicação pessoal) considerou que o material não condiz com *Tyromyces* e reconheceu a manutenção do nome *Polyporus aquosus*. Com base em estudos morfológicos, materiais de morfologia semelhante à *P. aquosus* têm sido frequentemente reportados para a região neotropical como *Polyporus udus* Jungh, uma espécie originalmente descrita para a ilha de Java (Indonésia). Com base nos estudos moleculares dos cogumelos coletados pelos Sanöma foi possível concluir que o material por eles chamado de Sama amuku realmente não corresponde à espécie *P. udus* e, por enquanto, optamos por manter o nome *P. aquosus*.

9. É considerada a hipótese de que o cogumelo Sama-sama-iamo seja hoje chamado pelos Sanöma de Sama amuku. A tradução para o primeiro nome seria "cogumelo da anta" e para o segundo, "fígado de anta".

10. O cogumelo coletado no atual estudo corresponde ao que Fidalgo e Prance (1976) e Prance (1984) registraram como Shi-kimo-amo-que. O sufixo "QUE" pode ser interpretado como "KÖ", que é um marcador de coletivo. Essa hipótese é sustentada pelo fato de que esse cogumelo cresce em cachos.

11. Nós consideramos que, na interpretação de Fidalgo e Prance (1976) e Prance (1984), o nome *Hydnopolyporus palmatus* foi escolhido com base nas considerações de Fidalgo (1963), que considerou *H. palmatus* e *H. fimbriatus* como sendo o mesmo táxon. No entanto, por questões taxonômicas, nós preferimos usar o nome *H. fimbriatus* para os materiais identificados pelos Sanöma, uma vez que Reid (1976) considerou *H. palmatus* como provavelmente pertencente ao gênero *Coriolus* Quél. e, portanto, como um táxon diferente de *H. fimbriatus*.

12. *Panus neostrigosus* foi proposto como nome novo para *Lentinus strigosus* Fr. por Drechsler-Santos et al. (2012). Considerando que *L. strigosus* e *L. lecomtei* Fr. são considerados sinônimos taxonômicos e têm a mesma prioridade nomenclatural, Vargas-Isla et al. (2015) consideraram que o nome *Panus lecomtei* (Fr.) Corner, proposto por Corner (1981), seria o nome correto para este táxon quando tratado no gênero *Panus* Fr. No entanto, levando em consideração o Código Internacional de Nomenclatura para algas, fungos e plantas (Código de Melbourne, 2012), art. 11.5, nós consideramos o nome *P. neostrigosus* como sendo o mais apropriado para este táxon, uma vez que foi baseado em *L. strigosus* Fr., nome claramente escolhido (em detrimento do sinônimo de mesma prioridade, *L. lecomtei* Fr.) por Pegler (1972), autor que, portanto, definiu a prioridade entre os dois nomes, quando ainda tratados no gênero *Lentinus* Fr.

Considerações Gerais

A identificação taxonômica das amostras de cogumelos obtidas para este estudo foi realizada a partir de análises morfológicas e moleculares (região ITS1-5.8-ITS2 do DNA ribossomal) dos basidiomas coletados entre os dias 22 e 23 de julho de 2015 na região de Awaris, Terra Indígena Yanomami (estado de Roraima). Os cogumelos examinados neste estudo estão depositados na então criada "Coleção Hutukara Associação Yanomami - fungos" (CHAY-f).

Os resultados levaram à identificação de 15 espécies de cogumelos consumidos pelos Sanöma, das quais pelo menos sete são relatadas pela primeira vez como fonte de alimento dos Sanöma: *Lentinula raphanica, Lentinus bertieri, Panus strigellus, Pleurotus albidus, Pleurotus djamor, Polyporus philippinensis* e *Polyporus* aff. *thailandensis*.

Quatro espécies já haviam sido reportadas nos trabalhos de Fidalgo e Prance (1976) e Prance (1984) com a mesma nomenclatura aqui utilizada: *Favolus brasiliensis, Polyporus aquosus, Polyporus tricholoma* e *Lentinus crinitus*. Outras quatro espécies foram reportadas por Fidalgo e Prance (1976) e Prance (1984) com nomes atrelados a outros gêneros ou a sinônimos, conforme a classificação adotada à época, mas que correspondem às mesmas espécies aqui registradas: *Hydnopolyporus palmatus sensu* Fidalgo (1963) = *Hydnopolyporus fimbriatus* (ver nota 11), *Panus rudis* (= *Panus neostrigosus*), *Lentinus velutinus* (= *Panus velutinus*) e *Pleurotus concavus* (= *Lentinus concavus*).

Dentre os materiais analisados neste estudo, não foram identificados cogumelos que correspondessem à pelo menos sete das 21 espécies reportadas por Fidalgo e Prance (1976) e Prance (1984), embora alguns nomes por eles atribuídos sejam atualmente consideradas sinônimos: *Coriolus zonatus* [= *Trametes ochracea* (Pers.) Gilb. & Ryvarden], *Gymnopilus hispidellus, Favolus brunneolus* [= *Echinochaetebrachypora* (Mont.) Ryvarden], *Favolus striatulus* [= *Neofavolus alveolaris* (DC.) Sotome & T. Hatt.], *Lactocollybia aequatorialis, Lentinus glabratus* e *Pholiota bicolor*. Vale lembrar que *Favolus tessellatus* e *Hexagonia subcaperata* são hoje considerados sinônimos de *Favolus brasiliensis*, espécie por nós associada ao nome Waikasö amo, e que, durante as coletas deste estudo, não foram indicados pelos Sanöma os cogumelos *Pida-pida-lhamo* e *I-nishi-amo* (= *I-nishi-mi-amo*), reportados, respectivamente, como *Gymnopilus hispidellus* e *Pholiota bicolor* por Fidalgo e Prance (1976) e Prance (1984).

Considerando que o trabalho pioneiro desses pesquisadores foi realizado há quatro décadas, apenas uma reexaminação de todo o material estudado por eles poderia esclarecer se os cogumelos coletados naquela época correspondem às mesmas espécies listadas neste estudo ou se as sete espécies ora não relacionadas no atual estudo representam, na verdade, mais espécies que eram reconhecidas pelos Sanöma.

Índice das plantas citadas

Nome Sanöma	Utilização	Família	Nome científico
Apia ti	Madeira em que nascem algumas espécies de cogumelos comestíveis	Sapotaceae	*Micropholis melinoniana* Pierre
Hitanima nakö	Folhas usadas para fazer embrulhos culinários.	Zingiberaceae	*Renealmia floribunda* K. Schum.
Kaimani ti	Madeira em que nascem algumas espécies de cogumelos comestíveis.	Apocynaceae	*Couma macrocarpa* Barb. Rodr.
Kõa toto	Madeira em que nascem algumas espécies de cogumelos comestíveis.	Leguminosae	*Dioclea* cf. *malacocarpa* Ducke
Koko sai	Madeira em que nascem algumas espécies de cogumelos comestíveis.	Araliaceae	*Schefflera* sp.
Kotalima ösö	Madeira em que nascem algumas espécies de cogumelos comestíveis.	Euphorbiaceae	*Croton palanostigma* Klotzsch
Kulalai	Madeira em que nascem algumas espécies de cogumelos comestíveis.	Leguminosae	?
Kulapoi	Madeira em que nascem algumas espécies de cogumelos comestíveis.	Meliaceae	*Trichilia* sp.
Kumakai	Madeira em que nascem algumas espécies de cogumelos comestíveis.	Moraceae	*Ficus* sp.
Lapai	Madeira em que nascem algumas espécies de cogumelos comestíveis.	Leguminosae	*Inga edulis* Mart.
Nimö nakö	Folhas usadas para fazer embrulhos culinários.	Arecaceae	*Bactris trailiana* Barb. Rodr.
Ölanato	Madeira em que nascem algumas espécies de cogumelos comestíveis.	Urticaceae	*Pourouma* sp.

Nome Sanöma	Utilização	Família	Nome científico
Pisa nakö	Folhas usadas para fazer embrulhos culinários.	Marantaceae	*Calathea altissima* Horan
Potomoi	Madeira em que nascem algumas espécies de cogumelos comestíveis.	Hypericaceae	*Vismia guianensis* (Aubl.) Choisy
Salilimi	Madeira em que nascem algumas espécies de cogumelos comestíveis.	Annonaceae	?
Sawalai	Madeira em que nascem. algumas espécies de cogumelos comestíveis	Sapotaceae	*Micropholis* sp.
Sikolai	Madeira em que nascem algumas espécies de cogumelos comestíveis.	?	?
Silaka amösö	Folhas usadas para fazer embrulhos culinários.	Heliconiaceae	*Heliconia bihai* (L.) L.
Sitopoli	Madeira em que nascem algumas espécies de cogumelos comestíveis.	Bignoniaceae	*Jacaranda copaia* (Aubl.) D. Don
Sonokasöi	Madeira em que nascem algumas espécies de cogumelos comestíveis.	Malvaceae	*Sterculia* (?) sp.
Sösömi	Madeira em que nascem algumas espécies de cogumelos comestíveis	?	?
Tikitiki	Madeira em que nascem algumas espécies de cogumelos comestíveis.	Euphorbiaceae	*Sagotia racemosa* Baill.
Tokoli	Madeira em que nascem algumas espécies de cogumelos comestíveis.	Urticaceae	*Cecropia* sp.
Wapu ti	Madeira em que nascem algumas espécies de cogumelos comestíveis.	Leguminosae	*Clathrotropis macrocarpa* Ducke

Lista de espécies de cogumelos em ordem alfabética e referência do material examinado neste estudo

Favolus brasiliensis: CHAY-f001, CHAY-f002, CHAY-f003, CHAY-f004

Hydnopolyporus fimbriatus: CHAY-f005, CHAY-f006, CHAY-f007

Lentinula raphanica: CHAY-f008, CHAY-f009

Lentinus bertieri: CHAY-f010

Lentinus concavus: CHAY-f011, CHAY-f012v CHAY-f013

Lentinus crinitus: CHAY-f014

Panus neostrigosus: CHAY-f015, CHAY-f016, CHAY-f017, CHAY-f018

Panus strigellus: CHAY-f019

Panus velutinus: CHAY-f020

Pleurotus albidus: material não preservado

Pleurotus djamor: CHAY-f021, CHAY-f022

Polyporus aquosus: CHAY-f023

Polyporus philippinensis: CHAY-f024, CHAY-f025, CHAY-f026

Polyporus aff. *thailandensis:* CHAY-f027, CHAY-f028, CHAY-f029

Polyporus tricholoma: CHAY-f030, CHAY-f031, CHAY-f032

*CHAY-f: Coleção Hutukara Associação Yanomami - fungos

Bibliografia consultada

ALBERT, B., WILLIAM, M., GALE, G. G. 2009. Urihi a. São Paulo: ISA.

BERKELEY, M. J. 1856. Rio Negro fungi. Decades of fungi LV-LIV. Journal of Botany (Hooker), 8: 129-149.

BOA, E. 2004. Wild edible fungi, a global overview of their use and importance to people, Rome: FAO.

CAPELARI, M., ASAI, T., ISHIKAWA, N. K. 2010. Ocorrence of *Lentinula raphanica* in Amazonas State, Brazil. Mycotaxon, 113: 355-364.

DRECHSLER-SANTOS, E. R., WARTCHOW, F., COIMBRA, V. R. M., GIBERTONI, T. B., CAVALCANTI, M. A. Q. 2012. Studies on lentinoid fungi (*Lentinus* and *Panus*) from the semi-arid region of Brazil. Journal of the Torrey Botanical Society, 139: 437-446.

FERREIRA, H. P. (org). 2011. Dicionário de Verbos Português-Yanomama. São Paulo: ISA.

FIDALGO, O. 1963. Studies on the type species of the genus *Hydnopolyporus* Reid. Mycologia, 55: 713-727.

FIDALGO, O. 1965. Conhecimento micológico dos índios brasileiros. Rickia, 2: 1-10.

FIDALGO, O. 1968. Conhecimento micológico dos índios brasileiros. Revista de Antropologia, 16-17: 27-34.

FIDALGO, O., HIRATA, J. M. 1979. Etnomicologia Caiabi, Txicão e Txucarramãe. Rickia, 8: 1-5.

FIDALGO, O., PRANCE, G. T. 1976. The ethnomycology of the Sanama indians. Mycologia, 68: 201-210.

GÓES-NETO, A., BANDEIRA, F. P. 2003. A review of the ethnomycology of indigenous people in Brazil and its relevance to ethnomycologycal investigation in Latin America. Revista Mexicana de Micologia, 17: 11-16.

KIRK, P. M., CANNON, P. F., MINTER, D. W., STALPERS, J. A. (eds.). 2008. Ainsworth & Bisby's dictionary of the fungi. 10 ed. Wallingford: CAB International.

KRÜGER, D., HUGHES, K. W., PETERSEN, R. H. 2004. The tropical *Polyporus tricholoma* (Polyporaceae) – taxonomy, phylogeny, and the development of methods to detect cryptic species. Mycological Progress, 3: 65-79.

MATA, J. L., PETERSEN, R. H., HUGHES, K. 2001. The genus *Lentinula* in the Americas. Mycologia, 93: 1102-1112.

PEGLER, D. N. 1972. Flore illustrée des champignons d'Afrique Centrale. Fascicule 1, Lentineae (Polyporaceae), Schizophyllaceae et espèces lentinoïdes des Tricholomataceae. Bruxelles: Jardin Botanique National de Belgique.

PEGLER, D. N. 1983. The genus *Lentinus*: a world monograph. Kew Bulletin Additonal Series, 10: 1-273.

PRANCE, G. T. 1972. An ethnobotanical comparison of four tribes of Amazonian indians. Acta Amazonica, 2: 7-27.

PRANCE, G. T. 1973. The mycological diet of the Yanomam Indians. Mycologia, 65: 248-250.

PRANCE, G. T. 1984. The use of edible fungi by Amazonian Indians. Advances in Economic Botany, 1: 127-139.

REID, D. A. 1976. Notes on Polypores. 2. Memoirs of the New York Botanical Garden, 28: 179-198.

RYVARDEN, L. 2014. Type studies in Polyporaceae 27. Species described by P. Ch. Hennings. Czech Mycology, 64: 13–21.

SÁNCHEZ, C. 2010. Cultivation of *Pleurotus ostreatus* and other edible mushrooms. Applied Microbiology and Biotechnology, 85: 1321-1337.

SOTOME, K., AKAGI, Y., LEE, S.S., ISHIKAWA, N. K., HATTORI, T. 2013. Taxonomic study of *Favolus* and *Neofavolus* gen. nov. segregated from Polyporus (Basidiomycota, Polyporales). Fungal Diversity, 58: 245-266.

SOTOME, K., HATTORI, T., OTA, Y., TO-ANUN, C., SALLEH, B., KAKISHIMA, M. 2008. Phylogenetic relationship of *Polyporus* and morphologically allied genera. Mycologia, 100: 603-615.

VARGAS-ISLA, R., ISHIKAWA N.K. 2008. Optimal conditions of in vitro mycelial growth of *Lentinus strigosus*, an edible mushroom isolated in the Brazilian Amazon. Mycoscience, 49: 215-219.

VARGAS-ISLA, R., ISHIKAWA, N. K., PY-DANIEL, V. 2013. Contribuições etnomicológicas dos povos indígenas da Amazônia. Biota Amazônica, 3: 58-65.

VARGAS-ISLA, R., CAPELARI, M., MENOLLI-Jr, N., NAGASAWA, E., TOKIMOTO, K., ISHIKAWA, N. K. 2015. Relationship between *Panus lecomtei* and *P. strigellus* inferred from their morphological, molecular and biological characteristics. Mycoscience, 56: 561-571.

VASCO-PALACIOS, A. M., SUAZA, S. C, CASTAÑO-BETANCUR, M., FRANCO-MOLANO, A. 2008. Conocimiento etnoecólogico de los hongos entre los indígenas Uitoto, Muinane y Andoke de la Amazonía Colombiana. Acta Amazonica, 38: 17-30.

ZADRAZIL, F. 1978. Cultivation of *Pleurotus*. In: Chang, S T., Hayes, W. A. (Eds.) The biology and cultivation of edible mushroom. New York: Academic Press, p. 521-554.

ZMITROVICH, I. V. 2010. The taxonomical and nomenclatural characteristics of medicinal mushrooms in some genera of Polyporaceae. International Journal of Medicinal Mushrooms, 12: 87-89.

YANOMAMI, M. I., YANOMAMI, E., ALBERT, B., MILLIKEN, W., COELHO, V. 2015. Hwërɨmamotima Thë Pë ã Oni - Manual dos Remédios Tradicionais Yanomami. São Paulo: ISA e Hutukara Associação Yanomami.

URIHI A - A Terra-Floresta Yanomami
Autor: Bruce Albert & William Milliken
Editora: ISA/IRD - 2009

O livro traz uma visão geral sobre o conhecimento florístico dos Yanomami com base em dados coletados em diferentes partes de seu território e em diferentes períodos. Um texto do xamã e líder Yanomami Davi Kopenawa abre a publicação, que traz informações sobre diferentes aspectos da etnobotânica de seu povo. Em suas 207 páginas, o leitor terá acesso a informações sobre como as plantas da floresta são parte intrínseca da cultura Yanomami, sendo utilizadas na alimentação, na construção de casas e artefatos, na ornamentação corporal, para a cura e o xamanismo. A apresentação de dados científicos é somada a informações na língua nativa, em um cuidadoso trabalho de diálogo entre o conhecimento gerado pela ciência e o saber tradicional.

Xapiri Thëä oni – Palavras escritas sobre xamãs Yanomami
Organizadores: Morzaniel Ɨramari Yanomami e Ana Maria Machado
Editora: HAY/ISA - 2014

Primeiro volume da série Urihi anë thëpëä pouwi - Saberes da Floresta Yanomami, fruto da parceria entre a Hutukara e o ISA, esta publicação sobre o xamanismo yanomami reúne uma série de trabalhos realizados por meio da parceria entre pesquisadores yanomami da aldeia Watorikɨ e assessores napë pë (não yanomami). O livro, destinado ao público yanomami, busca captar a riqueza da fala de seus xamãs e levá-las para o texto escrito, colocando à disposição das pessoas letradas - alunos e ex-alunos das escolas yanomami – uma peça rica de sua literatura.

Território e Comunidades Yanomami Brasil-Venezuela

apresenta, de maneira inédita e integrada, toda a área de ocupação do povo Yanomami, com informações de localização de suas comunidades, infraestrutura e diversidade sociolinguística. Trata-se do primeiro resultado de um esforço conjunto das organizações indígenas Hutukara e Horonami, com a ajuda de seus parceiros ISA e Wataniba, para sistematizar e tornar públicas importantes informações geográficas sobre o seu território.

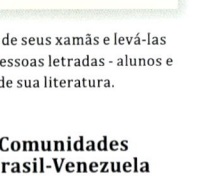

Hwërɨmamotima thë pë ã oni - Manual dos remédios tradicionais Yanomami
Organizadores: Morzaniel Ɨramari Yanomami, Ehuana Yanomami, Bruce Albert, William Milliken e Vicente Coelho.
Editora: HAY/ISA 2015

Trata-se de um manual voltado para o uso cotidiano dos Yanomami, apresentando as plantas em ordem alfabética e também por agrupamentos de remédios em função dos males a serem tratados. Espera-se, assim, que o livro contribua para a disseminação prática deste conhecimento às novas gerações, evitando reduzi-lo a um mero patrimônio escrito.

A Queda do Céu
Autor: Davi Kopenawa e Bruce Albert
Editora: Companhia da Letras - 2015

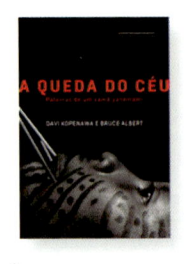

Davi Kopenawa, grande xamã e porta-voz dos Yanomami, oferece neste livro um manifesto xamânico e um libelo contra a destruição da floresta Amazônica. Esse testemunho autobiográfico excepcional traz suas meditações a respeito do contato predador com o homem branco, ameaça constante a seu povo desde os anos 1960. Único em seu gênero, A queda do céu foi escrito a partir das palavras de Kopenawa ao etnólogo Bruce Albert, que há quarenta anos visita os Yanomami.

Salaka pö - Peixes, Crustáceos e Moluscos
Organizadores: Moreno Saraiva Martins, Carlos Sanuma, Joana Autuori, Lukas Raimundo Sanuma, Marinaldo Sanuma, Oscar Ipoko Sanuma, Resende Maxiba Apiamö.
Editora: HAY/ISA - 2016

Este livro, o primeiro de uma série que irá compor uma Enciclopédia da Alimentação Sanöma, é resultado do trabalho conjunto de pesquisadores sanöma da região de Awaris, Terra Indígena Yanomami, em parceria com assessores do Instituto Socioambiental (ISA). Nele são apresentados todos os peixes, moluscos e crustáceos usados na alimentação pelos Sanöma.

Fontes: Cambria.
1500 exemplares impressos em off-set na Vox Gráfica em abril de 2024.
Capa em papel TP Premium 350 g/m² com lâmina interna em papel TP Premium 250 g/m² e miolo em papel Couché Fosco 150 g/m².

MISTO
Papel produzido a partir de fontes responsáveis
FSC® C187267

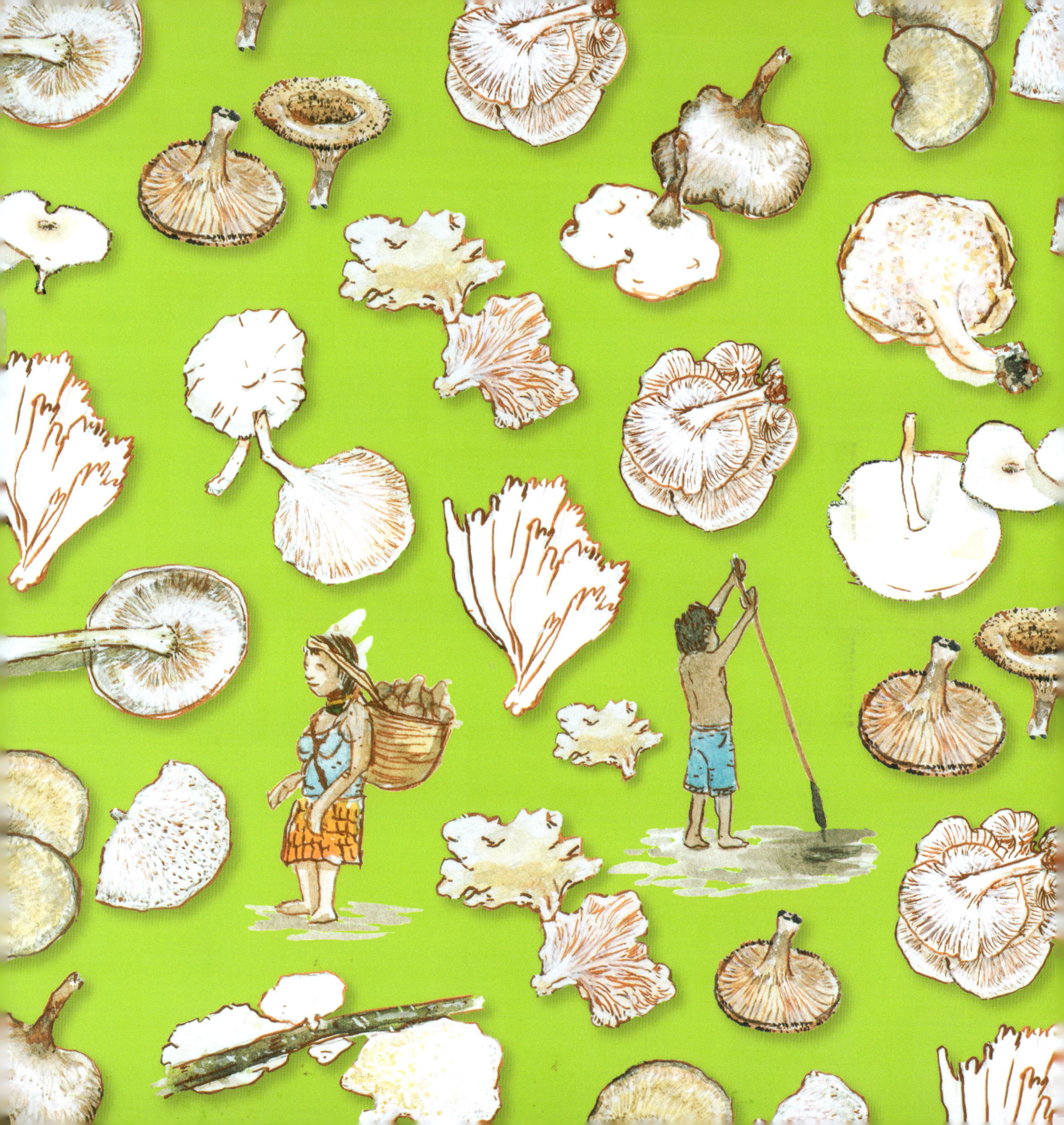